헤어숍 성공의 법칙

헤어숍 성공의 법칙

헤어 디자이너, 경영에 눈뜨다

박정아 지음

책을 시작하기 전에_
경험에서 얻은 불변의 법칙들

미용이 좋아 헤어숍을 시작하게 되었고 헤어숍 경영을 잘하고 싶어서 경영학과를 선택했다. 헤어숍을 운영하다 보니 경영학 전공자임에도 불구하고 많은 시행착오를 겪을 수밖에 없었다. 학교에서 배운 경영학적 이론이 그대로 적용되지 않는 곳이 바로 현장이라는 것을 알았다.

미용 분야는 특수성이 있다. 전문성을 요하는 기술직인 동시에 접객을 하는 서비스업이다. 즉 미용은 단순히 기술이 좋다고 성공할 수 있는 분야가 아니다. 고객은 다양한 서비스를 경험하며 헤어숍에서 더욱 세련된 서비스를 기대하기 때문에 전략적으로 이미지메이킹을 할 필요가 있다.

최근에는 기술의 상향평준화로 인해 헤어숍들 사이에 변별성이 크지 않아 시장 상황은 점점 더 어려워지고 있다. 그렇지만 매출 상위를 꾸준히 유지하는 헤어숍은 분명히 존재한다. 나는 〈업의 본질을 어디에 둘 것인가?〉라는 물음에 대한 답이 확고하다면 이러한 어려움들을 충분히 뚫고 나갈 수 있다고 확신한다.

헤어숍을 운영하면서 많은 시행착오 끝에 매출 상위를 유지하는 방법을 터득했다. 그동안 길을 이끌어 줄 스승이 없었고 참고할 만한 책도 없었을 뿐더러 누군가의 조언을 구하기도 어려웠기에 많이 돌아왔다. 학교에서 배운 경영 이론은 이론일 뿐이었다. 이론과 현실의 차이가 너무 컸기 때문에 항상 고민하고 연구해서 적용하기를 반복했다. 실패와 시도를 반복하고 실전 사례가 쌓이면서 나중에는 원장님들을 컨설팅 하는 일도 했다. 망해 가는 헤어숍을 인수하여 3개월 만에 기존 매출 대비 세 배 이상 상승하는 효과를 보기도 했다.

헤어숍은 일반 기업과 달라서 경영 이론만 적용하기에는 한계가 있다. 헤어숍 경영 방식이 일반 직장과 다르다는 것이 가장 큰 이유이다. 직원들도 일반인이 아닌 전문 기술인이기 때문에 그들의 특성을 잘 알아야 인사관리도 잘할 수 있다. 기술이 좋다고 헤어숍 경영을 잘하는 것도 아니고, 경영 이론을 잘 안다고 헤어숍 경영을 잘하는 것도 아니다. 헤어숍 경영은 경영 이론도 필요하지만 그 분야에서 오랫동안 몸담아 온 사람의 노하우가 분명 필요하다.

나는 많은 시행착오를 거쳐 헤어숍을 경영하는 대표로, 현직 뷰티 전공 교수로 지금의 자리에 있다. 누군가가 약간의 가이드만 해주었더라도 시행착오를 덜 거쳤을 것이라는 아쉬움이 항상 있었다. 그래서 내가 나의 후배들에게 그 역할을 해주고 싶은 생각에 많은 고민과 연구 끝에 이 책을 썼다.

물론 나보다 더 훌륭한 선배 미용인들이 많다. 또한 기업가

적 자질을 가지고 있는 미용인들도 있다. 내 이야기가 무조건 옳다는 것은 아니다. 그러나 이 책에 나와 있는 사례들은 20년 이상 미용 분야에 몸담아 오면서 체득한, 변하지 않는 인간의 심리를 분석하여 적용한 것들이다. 나는 이 책에 미용 초보가 헤어숍을 운영하는 원장이 되기까지 어떻게 해야 성공할 수 있는지, 헤어숍을 성공적으로 운영하려면 무엇이 중요한지 헤어숍 성공에 관한 〈불변의 법칙들〉을 모두 담았다. 이 책은 이론만 공부해서 말로만 설명하는 뜬구름 잡는 이야기가 아닌, 실전에서 얻은 결과 실제 운영 가이드라인으로서 미용 현장에서 직접 도움이 될 수 있는 실용서이다. 이것이 과연 헤어숍만 해당되는 것일까! 접객을 하는 모든 서비스 업종에서 이 책의 내용을 적용할 수 있을 것이다. 인간의 심리는 모두 같기 때문이다.

헤어숍 경영에 대해 미리 알고 준비한다면 많은 시행착오와 시간 소모를 줄일 수 있다. 헤어 디자이너로 성공하고 싶은 초보 미용인부터 매출 상승이 어렵다고 고민하는 디자이너 그리고 헤어숍 운영을 어려워하는 원장님들에게 이 책이 멘토 역할을 해 큰 도움이 되기를 바란다.

이 책이 나오기까지 옆에서 인내해 준 나의 남편 전형만님 그리고 옆에서 엄마를 가장 많이 도와준 우리 딸 소영이, 존재 자체로 힘이 되는 아들 종원이에게 고맙다고 말하고 싶다. 또한 내가 인터뷰를 요청할 때마다 귀찮은 내색 없이 응해 주고, 사례자를 주선해 준 나의 지인들에게 감사의 뜻을 전한다.

2020년 세계를 강타한 코로나19로 전례 없는 경제 위기를 겪으면서 모두가 힘든 이 시기에 많은 미용인들이 행복하게 잘사는 날이 올 때까지 파이팅을 외친다.

2021년 2월
박정아

차례

03 시스템의 법칙: 똑똑하게 고객을 관리해 주어라

04 집중의 법칙: 단골 고객은 안정적인 매출로 이어진다

05 콘셉트의 법칙: 콘셉트가 분명한 헤어숍은 불황이 없다

06 문제 해결의 법칙: 실천이 답이다

부록. 미용 초보가 정말 알고 싶은 질문7

이 본질의 법칙:
업의 본질을 아는 사람은 시작부터 다르다

고액 연봉을 받는 헤어 디자이너

미용일이 좋아서 하는 사람과 어쩔 수 없이 돈을 벌기 위해 하는 사람은 분명 차이가 있다. 미용을 좋아서 하는 사람은 자기 직업에 대한 자부심과 애착이 대단하다. 업의 본질을 정의하는 방식도 다르다. 업의 본질을 어디에 두느냐에 따라 당신의 연봉이 달라질 수 있다는 것을 알았으면 좋겠다. 미용업은 기술업이 아니다. 미용에서 기술은 분명 중요한 요소이기는 하나 절대적인 것은 아니다. 〈기술만 좋으면 다〉라고 생각하는 사람은 결코 고액 연봉자가 될 수 없다.

〈업의 본질〉을 어디에 두느냐

수많은 고객으로부터 지명을 받으며 고액의 매출을 올리는 디자이너들이 있다. 이들은 공통적으로 자기 직업에 대한 〈자부심〉과 〈애착〉이 대단하다. 뿐만 아니라 〈업의 본질〉을 미용 기술 자체에 둔 것이 아니라 〈가치〉에 두고 있다.

가끔 나는 질문을 한다. 「당신은 어떤 일을 하는 사람입니까?」이런 질문을 했을 때 당신은 어떻게 당신의 업(業)을 표현할 것인가! 대부분의 디자이너들은 이렇게 대답한다. 「저는 헤어 디자이너입니다. 그러니까 고객의 머리를 커트해 주고, 펌도 하고 염색도 하죠.」물론 아주 정확히 〈미용사〉라는 직업을 가진 사람이 할 수 있는 일에 대하여 말하고 있다. 아주 평범한 디자이너의 대답이다.

내가 아는 J디자이너는 평균 월 매출 3000만 원을 달성하는 고액 연봉자이다. J디자이너는 다음과 같이 대답했다. 「저는 고객의 문제를 해결해 주는 사람입니다. 미용 기술을 수단으로 고객을 만족시키기 위해 항상 노력합니다. 그 만족이 꼭 기술에만 있는 것은 아니라고 생각합니다.」그렇다. 고객이 〈어떤 문제를 가지고 나를 찾아왔는가〉라는 생각에서부터 고객을 대하는 태도가 달라진다. 뛰어난 기술력을 자랑하는 헤어 디자이너라고 해도 고객이 찾지 않아 애를 먹는 사람을 나는 종종 만난다.

마케팅에서 주로 다루는 〈업의 개념〉에 대해 이해한다면 자신의 직업을 대하는 태도가 달라질 것이다. 김성호의 『마케팅 정론』에서는 업의 개념을 다음과 같이 정의하고 있다. 「업의 개념은 자신이 제공하는 서비스에 초점을 두는 것이 아니라 고객의 욕구wants에 초점을 맞추어 정의되어야 한다.」즉 〈고객이 서비스를 받고자 당신을 선택한 이유는 무엇인가?〉, 〈고객은 당신이 제공한 서비스 중 어떤 것에서 욕구를 충족시켰는가?〉라는 질문을 끊임없이 해야 한다. 당신이 제공한 기술적 서비스는 고객의 욕구를 충족시키기 위한 하나의 수단이다.

그것이 〈업의 본질〉이 되어서는 안 된다.

사람들은 가치 있는 물건이나 일에 비용이나 시간을 기꺼이 투자한다. 그 가치를 어디에 두는가는 개인마다 다르게 나타난다. 여성들이 고가의 샤넬 가방과 같은 명품을 구매하는 이유는 일종의 우월감이라는 욕구 충족에 있다고 할 수 있다. 가방이 단순히 물건을 넣고 다니는 것이 아니라 자신의 가치를 나타낸다고 생각하는 것이다. 즉, 자신의 마음을 풍족하게 해주고 그로 인해 기분 전환이 된다면 충분한 가치가 있다고 판단하는 것이다. 고객이 〈가치 있다〉라고 판단하는 기준이 〈기분 전환〉이라면 헤어숍에서는 어떤 방법으로 고객의 기분 전환을 도울지 연구해야 한다.

기술은 중요하지만 절대적인 요소는 아니다

미용 서비스를 제공하는 헤어 디자이너가 기술적으로 상당한 실력을 갖추어야 하는 것은 당연하다. 미용 기술은 하루아침에 늘 수는 없고 수년간 갈고닦아야 비로소 실력을 갖추게 된다. 고객이 기술이 뛰어난 헤어 디자이너를 선호하는 것도 당연하다. 하지만 기술은 고객을 끌어들이는 데 우리가 생각하는 것만큼 절대적이지 않다. 아무리 뛰어난 기술을 갖추고 있더라도 고객 관점에서 가치가 기술에 있지 않다면 재방문이 이루어지지 않을 수 있다.

대부분의 헤어 디자이너들은 고객이 자신을 재지정하지 않으면 〈내 실력이 부족한가?〉라는 생각을 한다. 그래서 미용 기술 교육을 더 열심히 받으러 다닌다. 헤어 디자이너들이 교육에 들이는 비용은 일반인은 상상도 못 할 것이다. 미용 기술을 배우는 데 엄청난 비용과 열정 그리고 시간을 투자한다. 지금은 미용 교육이 체계적으로 잘 되어 있어 기술이 상향평준화되었다고 해도 과언이 아니다. 즉, 어디를 방문해도 고객이 원하는 헤어스타일을 연출하는 데 큰 어려움이 없다는 얘기이다.

한번 고객을 영원한 자기 고객으로 만드는 일은 생각보다 어렵지 않다. 고객이 가치를 두고 있는 그 무언가를 찾아 적절히 제공하면 된다. 기술은 분명 고객의 방문 동기 중 중요한 요소이지만 하나의 조건으로서만 작용할 뿐이다. 예를 들어, 고객이 가치를 두는 게 〈마음의 힐링〉이라고 해보자. 이때 담당 디자이너가 그 가치를 잘 제공했다면 재방문 시에도 그 디자이너를 지정할 가능성이 높다. 이것이 반복된다면 누적 고객 수를 확보할 수 있고 깐깐하게 따지던 고객도 VIP 고객으로 만들 수 있다.

우리 매장에 방문하는 미용 제품 영업 사원으로부터 들은 얘기다. B 헤어숍 점장의 월 매출이 평균 7000만 원이라고 했다. 약간 과장된 수치라는 생각이 들었지만 그래도 너무 궁금했다. 나는 마침 커트할 때도 되었기에 예약을 하고 방문했다. 사람이 하루에 처리할 수 있는 〈인원의 한계〉가 있기 때문에 월 매출 7000만 원은 있을 수 없는 일이라고 생각했다. 그러나 나는 커트를 하는 동안 그것에 대한 궁금증이 풀렸다. B 헤어숍 점장의 〈텐션〉이 얼마나 높던지 의자에 앉아 있는 내 엉덩이가 〈부~웅〉 떠 있는 것 같았다. 아무리 우울한 사람도 이 점장에게 커트를 하면 텐션이 막 올라갈 것 같았다.

B 헤어숍 점장이 하는 일이라곤 커트와 커트 시 고객과의 대화가 전부였다. 나머지 모든 시술은 점장을 보조하는 경력 1~2년 차 정도의 인턴들이 한다. 참고로 점장을 보조하는 인턴은 다섯 명이 있으며 점장의 지시에 따라 시술한다. 모든 시술이 끝나면 마무리 스타일링과 〈텐션-업〉된 목소리로 다음과 같이 말한다.

「오늘 고객님과 함께할 수 있어서 아주 행복했어요. 한 달 뒤에 또 뵙겠습니다.」

마무리 멘트이다. 만약 고객이 생각하는 가치가 미용 기술만 있다면 이런 일이 가능할까? 결코 그렇지 않다. 많은 고객들은 미용 기술 이외의 다른 가치를 제공받았을 때 기술도 훌륭하다는 〈이퀄equal〉로 나타난다.

고객 영혼 디자이너는 〈공감 능력〉이 남다르다

B 헤어숍 점장은 일에 대한 목적을 고객과의 커뮤니케이션에 두고 있었다. 고객이 헤어 시술을 받고 돌아갔을 때 저절로 웃음이 번지게 하고 싶었을 것이다. 내가 그랬다. 커트하고 나오는데 계속 웃음이 나고 그 점장이 너무도 인상 깊어서 자꾸 생각이 났다. 마치 연인과 즐거운 데이트를 하고 헤어진 것처럼 말이다. 고객과 대화하고 공감하고 고객의 마음을 어루만지기도 하는 당신은 고객에게 자꾸 보고 싶은 연인으로 기억

될 것이다.

내가 살고 있는 지역의 중심 상가에는 이비인후과만 세 곳이 있다. 한 상가 건물에 하나씩 있으며 그 외에 내과와 소아과도 있다. 그런데 유독 환자가 몰리는 S 이비인후과가 있다. 보통 1시간 30분 정도 기다리는 것은 기본이고 2시간 이상을 기다리는 경우도 많다. S 이비인후과 의사의 질문은 어딘가 달랐다.

「선생님~ 어디가 많이 불편하세요. 어제 어떤 일이 있으셨나요?」

「혹시 말씀을 많이 하시는 직업인가요?」

이렇게 현재 환자를 아프게 한 배경에 관심을 두고 질문을 한다. 환자의 생활환경이나 심리 상태 등을 먼저 살펴보고 충분히 이해한다는 표정으로 진료에 임한다. 반면 대부분의 의사들은 환자를 어떤 질환을 갖고 있는 치료 대상으로서만 생각한다. 그래서 하는 질문도 정해져 있다.

「어디가 불편하세요?」

「특별히 더 아픈 곳을 말해 보세요.」

「언제부터 아프기 시작했나요?」

이와 같이 질문한다. 그러나 S 이비인후과 의사는 그러지 않았다. 이 의사는 〈환자〉도 〈고객〉이라는 관점으로 바라본 것이다. 환자는 자신을 치료 대상으로만 보지 않고 인격적으로 존중하는 느낌을 받음으로써 의사에게 무한 신뢰감이 형성되었을 것이다.

헤어숍도 마찬가지이다. 신규 고객이 방문했을 때 단골 고객으로 만들 수 있는 방법은 바로 감정을 공감해 주는 것이다. 당신 헤어숍의 신규 고객은 타 헤어숍의 불만족 고객이다. 지금까지 다니던 헤어숍에 불만이 생겼거나, 만족스러운 헤어숍을 아직 만나지 못했거나 둘 중 하나다. 그렇다면 당신은 〈만족〉이라는 것을 느끼게 해주면 된다. 그것은 바로 〈공감〉이다. 신규 고객을 공감해 준다는 것은 지금까지 헤어숍을 다니면서 만족하지 못했던 이유를 묻는 것이다. 그것만으로도 고객은 마음의 응어리를 지워 버리는 듯한 느낌을 받을 수 있다.

한 고객이 오랫동안 친구 소개로 다니던 헤어숍이 있었다. 고객은 헤어스타일을 바꾸고 싶어서 원장에게 항상 말했다고 한다.

고객 원장님, 이번에는 다른 스타일로 해보고 싶어요. 어떤 것을 하면 잘 어울릴까요?

원장 고객님은 이 스타일이 제일 잘 어울려요. 왜 바꾸려고 하세요.

고객 그래도 너무 오랫동안 같은 스타일만 하다 보니 질리기도 하고 그래서요.

원장 음~ 그래요? 고객님의 얼굴형을 보완하고 좀 더 어려

보이게 해드릴게요.

이런 식으로 항상 원장은 자신의 말을 들어 주지 않고 같은 스타일로 해주었다고 한다. 이 고객은 자신의 의견을 무시하는 원장에게 기분이 상했을 것이다. 그렇다면 당신은 이 고객에게 우리 헤어숍을 방문하게 된 이유를 묻기만 해도 고객은 그 질문에 대답하는 과정에서 홀가분한 기분을 느낄 수 있다. 예를 들어, 여자들은 결혼한 뒤 시댁에서 받는 불편한 대접이나 말에 대한 불만을 종종 누군가에게 토로하고 싶어 한다. 비유하자면, 능력 있는 디자이너는 고객의 속앓이를 공감하고, 풀어 줄 수 있는 사람이다.

「그랬군요. 많이 속상하셨겠어요.」

당신의 이 말 한마디에 고구마 열 개를 물 없이 먹은 것처럼 꽉 막혔던 고객의 마음이 〈쑥~〉 하고 내려갈 것이다. 꼭 해결책을 제시해 주지 않아도 된다. 고객의 감정에 공감만 해줘라!

세 가지 실천 팁

첫째, 〈업의 본질〉을 어디에 둘 것인지 생각하라.

둘째, 미용 기술은 필수이지만 충분조건은 아니다.

셋째, 남다른 공감 능력이 고액 연봉을 보장한다.

경쟁력은 어디에서 시작되는가

지금은 초개인화 시대다. 고객은 〈나만을 위한 제품, 나에게 맞춘 서비스〉를 원하고 있다. 고객의 요구를 정확히 맞출 수 있는 방법은 고객을 이해하는 일에서 시작한다. 고객의 정보를 많이 알면 알수록 더 정확히 고객의 요구를 맞출 수 있다. 고객과의 대화를 흘려듣지 말고 잘 기억해라. 그리고 특화해라. 그것이 당신이 할 수 있는 차별화 방법이다.

초개인화 시대, 세상의 주인공은 〈나〉

개인화 시대를 넘어 이제는 초개인화 시대다. 모든 것의 중심에서 〈나〉가 중요하다. 인생의 주인공은 〈나〉이고 주변의 모든 상황은 〈나〉에게서 비롯한다. 이것이 현재를 살아가는 20~30대의 사고방식이다. 〈나만을 위한 선물〉, 〈리미티드 에디션limited edition〉, 〈맞춤형 화장품〉 등이 인기 상승 중이다. 고객 한 명 한 명에게 맞는 차별화된 맞춤 서비스만이 고객의 욕구를 자극할 수 있다.

산업혁명 이후 20세기 초까지 대량생산으로 규모의 경제가 가능해졌고, 산업은 급격히 발전했다. 이때는 생산량을 늘려 수요를 충족시키는 것이 관건이었다. 소비자에게는 저렴한 비용으로 제품을 공급하는 것이 사업의 성패를 좌우했다. 그러나 지금 시대는 다르다. 다품종 소량 생산 방식, 더 나아가 개인 맞춤형 구매 시스템이 인기를 끌고 있다. 소비자들의 요구가 점점 다양해지면서 남들과 같은 제품이나 서비스로는 소비자의 발길을 잡을 수 없기 때문이다.

최근 핸드메이느, 수공예 장터 서비스를 제공한다는 〈아이디어스〉라는 새로운 구매 플랫폼이 급성장한 이유도 여기에 있다. 소비자는 나만의 독특하고 프라이빗한 제품을 구매하고 싶어 한다. 이러한 소비자 행동이 계속된다면 모든 고객에게 획일적으로 제공하는 제품은 더 이상 고객의 선택을 받을 수 없다. 특히 20~30대의 젊은 소비자층을 상대하는 업종이라면 더욱 그렇다.

서비스업인 미용업에서는 이 변화가 더욱 크게 다가온다. 주변을 보면 헤어숍이 무수히 많다. 〈무수히〉라는 표현을 쓰는 것이 어색하지 않을 만큼 헤어숍은 양적으로 엄청난 성장을 이루었다. 나는 한 건물에 헤어숍이 다섯 개까지 입점해 있는 것을 보았다. 이런 상황에서 자기만의 특화된 무기가 없는 헤어숍은 살아남을 수 없을 것이다. 〈특화해야 살아남는다.〉나만이 할 수 있는 〈그 무엇〉을 찾아내라. 그리고 그것을 〈특정 고객을 위한 맞춤 서비스〉로 제공해야 한다.

〈남자머리 세우는 엘샘〉이라는 슬로건을 내걸고 남성 고객을 타깃층으로 선정한 사람이 있다. 남성 고객 중에서도 〈머리숱 없는 남성 고객〉을 주 고객층으로 삼은 것이다. 전국의 머리숱 없는 남성들이 이 헤어숍에 가면 〈나도 숱이 많아 보이겠구나!〉라는 확실한 믿음이 생긴다고 한다. 그런 고객들은 헤어숍이 아무리 멀어도 여기만 간다. 이게 인간의 심리다. 비용이 얼마가 들더라도 지불한다.

머리숱이 없는 남성들의 고민을 해결해 준 엘샘은 그야말로 전국적인 유명 인사가 되었다. 2012년 모 방송 출연을 시작으로 각종 프로그램에 러브콜을 받기도 했다. 전국 순회 세미나를 진행하고 있으며 최근 법인을 설립해 모발 화장품 브랜드를 런칭하기도 했다. 이렇게 자신이 잘할 수 있는 〈하나의 역량〉에 힘을 집중하고 날을 세워서 〈초개인화 고객 만족〉을 실현한 것이다. 이것이 핀셋 마케팅, 즉 특화이다.

일반적으로 많은 헤어숍 원장님들이 〈헤어숍은 모든 것을 다 해야 매출이 많이 오를 것〉이라고 착각한다. 어린아이부터 노인까지 모든 고객을 내 고객으로 삼아야 한다고 믿는다. 이것이 일반적인 헤어숍의 운영 형태이다. 따라서 소비자는 어느 곳을 가더라도 특별함을 느끼지 못하고 〈그저 그렇네〉라고 생각한다. 헤어숍 간 경쟁이 심화되면 가격 할인 행사를 하는 것이 다음 수순이다. 이렇게 악순환이 벌어지면서 헤어숍 사이에서 눈치 게임이 시작된다. 〈모든 고객이 내 고객이다〉라는 생각을 버려라! 지금은 누구를 내 고객으로 삼을지 뾰족하게 집어내야 하는 시대이다.

우리나라는 스포츠 가운데 〈양궁〉에 유독 강하다. 양궁은 과녁의 정중앙 즉, 불스 아이bull's eye를 맞추어야 최고점인 10점이 된다. 중앙에서 멀어질수록 점수는 낮아지고 이길 확률 또한 낮아진다. 포화 상태인 미용 시장에서의 성공은 고객의 니즈needs와 자사의 역량이 교차하는 바로 그곳, 불스 아이에 명중하는 서비스 상품을 만들어 내는 일에 달려 있다. 이것이 바로 시장을 세분화하고 좁지만 가장 중요한 영역인 그곳에 초점을 맞추는 일이다. 이것을 〈타기팅targeting〉이라고 한다. 이때 반드시 필요한 것이 〈특화〉이다. 〈남성 고객 전문 헤어숍〉이라고 했다면 불스 아이에 정확하게 명중한 것은 아니다. 엘샘이 불스아이에 명중할 수 있었던 것은 〈탈모로 고민하는 남성 고객〉을 타기팅했기 때문이다.

특화는 고객에 대한 이해로부터 시작된다

그럼 엘샘은 어떻게 주요 타깃층을 탈모로 고민하는 남성으로 삼았을까? 이는 바로 고객에 대한 이해에서 비롯한다. 남녀노소를 불문하고 머리숱은 이미지 형성에 매우 중요하다. 특히 우리 주변에는 탈모로 고민하는 남성들이 생각보다 많다. 대부분의 헤어숍에서는 탈모로 고민하는 남성 고객에게 두피 관리를 권하는 정도이다. 때로는 펌을 권하기도 한다. 엘샘은 단순히 〈탈모로 고민하는 남성 고객도 나의 고객이다〉라는 관점이 아니라 〈탈모로 고민하는 남성 고객이 나의 고객이다. 그리고 그들의 고민을 해결해 주는 것이 나의 사명이다〉라는 관점으로 그들만을 위한 곳을 만든 것이다. 고객을 이해하고자 하는 생각이 〈특화 전략〉이 된 것이다.

내가 주로 머리를 하는 헤어숍이 있다. 물론 내가 경영하는 헤어숍이다. 나이에 맞지 않게 흰 머리가 많아서 매월 뿌리 염색(새로 자란 머리만 염색하는 것)을 해야만 한다. 매번 똑같은 스타일의 헤어에 흰머리 커버용으로 염색을 하다 보니 새로운 스타일로 하고 싶은 생각도 든다. 그래서 이번에는 헤어 컬러도 바꾸어 보고 스타일도 바꾸고 싶어서 예약하고 방문했다.

예약 시간에 맞춰 헤어숍에 도착했더니 세상에! 담당 디자이너가 염색약을 미리 조제하고 나를 기다리고 있는 것이 아니겠는가! 순간 상담을 통해 헤어 컬러를 바꾸고 싶었던 나는 그냥 뿌리 염색만 하고 나와야 했다. 물론 다른 색을 하고 싶다고 말할 수도 있었다. 하지만 염색약을 버리게 되는 것이 아까워 말하지 않았다. 〈너무 소심한 것 아니야?〉라고 반문할 수도 있겠다. 하지만 내 입장(또는 고객 입장)에서는 디자이너의 지나친 배려(내가 항상 바빠서 시간을 쪼개어 쓰는 것을 알고 있음)에 그냥 원하지 않은 헤어 시술을 하는 경우가 종종 있다.

디자이너는 항상 고객이 어떤 생각을 하고 있는지 물어보아야 한다. 매번 똑같은 시술을 했더라도 오늘은 다른 것을 선택할 수 있다는 것을 생각해야 한다. 이것은 고객을 이해하려는 태도에서 비롯된다. 배려가 지나쳐 고객이 어떤 생각을 하고 있는지 간과하고 있지는 않은지 한번 생각해 볼 필요가 있다.

이 또한 반복되면 고객이 떠날 수 있다는 것을 잊지 말자. 고객은 항상 자신을 이해해 주길 원한다. 고객이 어떤 것을 원하고 있는지, 고객의 어떠한 불편함을 해소시켜 줄 수 있는지를 생각하면 쉽게 해답을 찾을 수 있다.

개인화는 데이터베이스에 기반한다

나는 최근 몇 년 전부터 검색엔진에서 내가 한 번이라도 검색했던 것을 노출해 주고 있다는 사실을 알았다. 많은 인터넷 쇼핑몰이 빅데이터 기반의 마케팅을 시작한 것이다. 회원 가입 시 체크했던 취미, 소득 수준, 주거지, 나의 관심 분야 등을 기반으로 적절한 제품이나 서비스 상품 등을 소개한다. 이런 기술은 소비자의 소비 패턴을 찾아내 개인 맞춤형으로 제품이나 서비스를 소개하고, 이를 다시 소비로 연결시키는 마케팅 기법 중 하나이다. 이런 마케팅을 하기 위해서는 고객, 즉 소비자의 상황에 대한 정확한 이해가 요구된다.

소비자의 입장에서는 자신에게 필요한 정보를 제공받는다는 장점이 있고, 공급자 입장에서도 정확한 정보를 노출해 불필요한 마케팅 비용을 줄일 수 있는 장점이 있다. 이것을 〈개인화 마케팅〉이라고 명명하고 싶다. 개인화 마케팅을 하려면 고객의 데이터를 기반으로 세분화하고 이를 비슷한 그룹으로 묶고, 그 그룹에 맞는 메시지의 내용과 정보를 제공해야 한다. 소비자의 〈소비 행동〉을 이해하고 맞춤형으로 제공할 수 있을 때 비로소 〈고객 맞춤 서비스〉가 실현 가능하다고 말할 수 있다.

많은 헤어숍에서는 신규 고객이 방문했을 때, 고객 등록을 권한다. 당연하게도 많은 고객이 자신의 정보를 순순히 알려 주지 않는다. 고객 입장에서는 전화번호를 알려주면 하루에도 수십 번씩 오는 광고 문자나 전화 때문에 업무에 지장을 받기도 하고, 메시지 삭제에 소요되는 불필요한 수고로움도 피하고 싶기 때문이다. 헤어숍 입장에서도 개인정보 보호법이 강화되면서 고객에게 개인 정보를 요구하는 일이 조심스럽다. 그렇다고 고객의 정보를 남겨 두지 않는다는 것은 마케팅을 하지 않겠다는 것과 같다. 최소한 이름, 연락처, 생년월일, 취미, 직업, 신념, 가족 사항, 관심 분야 정도는 알아야 한다.

내가 이런 이야기를 하면, 〈너무 많이 물어보는 것 아닌가요? 이 많은 정보를 어떻게 적어 달라고 하나요?〉라며 반문하는 디자이너들이 많다. 물론 이 많은 정보를 고객에게 직접적으로 〈회원 가입 신청서〉에 적어 달라고 하면 대부분은 적어 주지 않는다. 하지만 이런 정보는 시술 시 고객과의 대화를 통해서 충분히 알아낼 수 있는 것들이다. 고객에게 직접 받아야 하는 것은 이름과 전화번호 그리고 〈개인 정보 보호에 동의한다는 표시〉가 전부다. 이 부분에 대해서는 〈차트 기록, 단골 고객 관리의 기본〉에서 좀 더 자세히 설명하겠다.

이처럼 초개인화 시대에는 고객이 원하는 것이 무엇인지 파악하고, 특화해야 살아남는다. 고객에게 관심을 쏟고, 질문하고, 기억해라. 그것이 초개인화 시대에 헤어 디자이너의 경쟁력이다.

세 가지 실천 팁

첫째, 특화해야 살아남는다. 고객을 정확히 타기팅하고, 뾰족하게 집어내는 것이 중요하다.

둘째, 고객이 무엇을 원하는지, 어떤 고민을 해결해 줄 수 있는지 연구해라.

셋째, 고객 정보는 곧 자산이다. 고객에게 자연스럽게 질문을 던지며 정보를 획득해라.

품위 있게 실력을 증명하는 법

당신이 실력 있는 헤어 디자이너라는 사실을 반드시 고객이 알게 하라. 그것은 말로 하는 것보다 고객의 눈으로 직접 보게 하는 것이 좋다. 고객이 의자에 앉았을 때 눈높이에서 경대 잘 보이는 곳에 프로필을 정리해 붙여 두자. 그렇게 그 자리에서 당신의 미용에 대한 열정이 느껴지게 하라. 아무리 말로 당신이 뛰어나다고 어필해도 직접 보고 느끼는 것만 못하다. 실력이 부족한 사람이 말이 많은 법이다. 정말 실력이 있다면 긴말은 필요 없다.

백 번 말보다 증명서 한 장이 더 강력하다

헤어 디자이너로 성공하고 싶다면 내가 누군지 알려야 한다. 고객은 자신의 머리를 아무에게나 맡기고 싶어 하지 않는다. 최소한 어떤 공부를 하고 어떤 과정을 거쳐 헤어 디자이너가 되었는지, 어떠한 자격증을 취득했으며, 어떤 노력을 했는지 정도는 알려 줘야 한다. 이를 말로 하지 말고 서면으로 보여

쥐라. 즉, 당신의 출신 학교, 경력, 전문성, 대회 수상 경력 등을 헤어숍의 경대 앞에 붙여라. 자격증 취득 내역이나 대회에서 수상한 내역, 수료증 등은 단순하지만 그 효과는 상당하다. 권위주의적인 한국 사회에서 당신의 권위를 인정받고 효과적으로 전달할 수 있는 방법은 백 번 말보다 한 장의 증명서이다.

이때 소소한 것이라도 작성하여 붙이는 것이 좋다. 미용에 관련된 교육이나 경력은 물론, 별로 관련 없는 자격증도 괜찮다. 내가 운영하는 헤어숍의 한 디자이너는 미용 관련 자격증이나 수료증 외에 보육교사 지격증, 취업지도사 1급 자격증도 갖고 있다. 〈헤어 디자이너와 보육교사가 무슨 상관관계가 있지?〉 하고 의아해할 수도 있겠다. 당연히 아무런 상관이 없다. 보육교사 자격증이 있다고 헤어 커트를 잘한다는 것은 말도 안 되는 일이다.

그러나 영유아를 두고 있는 엄마는 그 프로필을 보고 담당 디자이너가 아이를 잘 다루고 아이의 심리를 잘 이해하는 사람이라고 기대할 수 있다. 또 증명서에서 시작한 관심이 자연스럽게 대화의 흐름으로 이어질 수도 있다. 실제로 어린 자녀를 둔 고객들은 그 디자이너의 프로필이 특이하다며 관심을 보이고 자녀 보육에 대해 질문하기도 한다.

헤어숍이라는 공간은 머리를 하는 곳이기도 하지만 머리를 하면서 디자이너와 많은 대화를 나누는 곳이기도 하다. 모든 사람이 의미 없는 대화만 하는 것은 아니다. 학연, 지연, 아파트연(같은 아파트에 사는 사람), 아이연(아이가 같은 어린이집이

상장과 수료증을 잘 보이는 곳에 전시하라. 어떤 것이든 상관없다.

나 유치원에 다니는 경우) 등을 적극 활용하라. 그리고 자신의 경력을 소소한 것이라도 문서화하여 게시하라. 적을 것이 없다면 취미라도 적어 보자. 자연스러운 관계가 형성될 수도 있고 고객과 관심 분야를 얘기하면서 더 큰 신뢰를 얻고 친밀함을 유지할 수 있다. 단골은 관계에서 비롯된다.

경대부터 정리하라

회사원은 자신의 책상이 있다. 헤어숍이 직장인 헤어 디자이너들은 경대가 회사원의 책상과 같은 의미이다.

책상을 보면 그 사람의 성격이나 일하는 스타일을 짐작할 수 있다. 책상을 마구 어지럽히며 지저분하게 쓰고 정리도 안 된 사람은 나의 경험상 대부분 일 처리가 꼼꼼하지 못하다. 반면 정리정돈이 잘 된 사람은 일 처리가 빈틈없고 빠르며 항상 계획적이다. 헤어 디자이너도 마찬가지이다.

내가 아는 어떤 디자이너는 자신의 경대를 항상 깔끔하게 정리하고 자신이 좋아하는 미니어처 인형으로 장식한다. 고객이 앉았을 때 눈높이에 맞도록 자신의 프로필을 게시하고 이 달의 행사나 안내 문구를 간단하게 정리해 붙여 두기도 한다. 또 새로운 교육을 이수한 달은 수료증을 한동안 게시한다. 이 디자이너의 경대에서는 항상 게시물이 바뀌고, 늘 정보가 있다. 지명고객 또한 끊이지 않는다.

나는 헤어숍에서 일괄적으로 제공하는 광고 문구만 게시하지 말고 자기만의 방식으로 경대를 꾸며 보도록 권하고 싶다. 고객이 느끼는 것은 담당 디자이너의 일에 대한 열정과 애정일 것이다. 그 일에 애정과 열정이 있다는 것은 고객에게도 애정을 가지고 있다는 의미이다. 신뢰감도 커지고, 자신의 머리를 믿고 맡길 수 있는 실력 있는 디자이너라는 인식도 짙어진다.

반대로 지명 고객이 적어 항상 애를 먹는 디자이너가 있다. 그 디자이너는 항상 주변 정리정돈이 되어 있지 않아 산만한 느낌을 준다. 고객이 앉는 시술 의자는 머리카락으로 너저분하고 경대는 아이들의 손자국으로 얼룩덜룩하다. 드라이기의 선은 정리가 안 되어 꽈배기처럼 꼬여 있고 트레이(가위나 시술 도구 등을 올려 두는 서랍)는 언제 청소했는지 모를 정도로 먼지와 머리카락이 수북이 쌓여 있다. 손님이 없어서 쉬고 있을 때는 무엇을 보는지 핸드폰을 열심히 들여다보고 있다. 그러면서 경기가 어려워 손님이 줄어 간다고 한숨을 푹푹 쉰다.

과연 경기가 안 좋아서 손님이 줄고 있을까? 절대 그렇지 않다. 나부터도 그 디자이너에게 머리를 맡기고 싶은 생각이 추호도 없다. 그 시술 의자에 앉으면 내 옷에 머리카락이 전부 묻을 것 같고, 그 머리카락이 엉덩이를 찌를 것 같다. 〈헤어숍 전체도 아니고 자기 경대 하나 정리하지 못하는 사람이 무엇을 잘할까?〉라는 생각은 나만 드는 것일까! 제발 자기 일에 애정과 열정이 있다면 경대부터 정리하자. 의외로 많은 변화가 찾아올 것이다.

겸손하게 실력을 쌓아라

어떤 헤어숍에 가면 자신의 실력이 세상 누구보다 뛰어나다고 자랑하는 원장들을 만날 수 있다. 경력이 20년 넘었다며 자기보다 커트를 잘하는 사람은 이 분야에 없다면서 엄청난 입담으로 자랑한다. 그러나 정작 시술을 받아 보면 말과는 다르게 커트에 체계도 없고 섹션도 정확하지 않다. 옛말에 〈빈 수레가 요란하다〉고 했다. 정작 실력 있는 사람은 말로 하지 않고 실력으로 증명한다. 처음에는 그 말에 혹해서 고객이 따라올 수 있으나 단타성이라는 사실을 잊지 말자! 고객은 바보가 아니다.

아무리 홍보가 중요하다지만 그 뒤에는 〈실력〉이 뒷받침되어야 한다. 보통 실력이 뛰어난 사람이 말이 앞서는 것을 나는 보지 못했다. 내 주위에는 헤어 미용 분야에서 대단한 실력을 가지고 있는 사람들이 적지 않다. 그러나 그 사람들은 모두 겸손하기 이를 데 없다. 자신의 실력을 과시하거나 과장하지도 않으며 있는 그대로 고객에게 실력으로 보여 준다. 다만, SNS를 통하여 자기를 선택한 고객 수, 자신이 디자인한 헤어스타일 사진, 헤어스타일을 만들어 가는 과정을 찍은 동영상 등을 게시하여 많은 이들이 볼 수 있도록 한다. 물론 실력을 증명하는 데는 오랜 시간이 걸릴 수 있다. 그러나 하루 이틀 일하고 말 생각이 아니라면 중·장기적 안목으로 꾸준히 자신을 증명하면 된다.

처음에 헤어 미용을 배워 자격증을 취득하고 헤어숍에 인턴으로 취업하면 열정이 넘쳐 난다. 〈커트를 배울 수만 있다면 무엇이든지 하겠어〉라는 생각으로 열심히 일하고, 연습하고 또 연습한다. 그러나 많은 디자이너들이 가위를 잡는 순간 초심을 잃고 세상에 자신이 가장 뛰어난 실력자인 양 행동한다. 그때가 경력 3~4년차쯤이 아닌가 한다. 마치 이제 벼 이삭에 〈볍씨〉가 맺혀 〈나는 풀이 아니라 벼예요. 알아주세요〉라며 고개를 뻣뻣이 드는 것과 같다.

옆의 선배 디자이너나 원장의 고객이 자신을 지목이라도 하면, 마치 자신의 실력이 그들을 뛰어넘었기 때문이라고 생각한다. 고객이 머리를 잘한다고 칭찬이라도 하면 세상에 우뚝 솟은 듯 착각한다. 그럴 때일수록 〈훌륭하신 선배님의 가르침 덕분에 제가 실력이 날로 성장합니다〉라고 선배 디자이너나 원장에게 감사의 말을 돌려 보자. 그 한마디면 충분하다. 그러면 자신이 더욱 빛날 것이다. 다음에 그 고객은 오히려 원장에게 당신이 〈실력도 있을 뿐만 아니라 인성도 된 사람〉이라고 칭찬할 것이다.

신입직원이 들어오면 나는 항상 첫 번째 하는 말이 있다.

「항상 초심을 잃지 말고 덜 익은 벼가 되지 마세요. 잘 익은 벼는 고개를 숙입니다.」

진짜 실력자는 말을 안 해도 안다.

세 가지 실천 팁

첫째, 고객 눈높이에 증명서를 걸어라.

둘째, 경대는 깔끔하게 정리하라.

셋째, 초심을 잃지 말고, 겸손하라.

내 이름을 알려야 하는 이유

고객이 당신을 기억하길 바란다면 당신의 이름을 알게 해주어야 한다. 대부분의 고객은 디자이너의 이름을 기억하지 못한다. 당신이 적극적으로 알려 주어야 한다. 이름도 모르는 디자이너를 다음에 또 지명하기란 어려운 일이다. 뿐만 아니라 일반인은 헤어숍에 있는 〈지명 시스템〉을 모른다. 당신이 콕 찍어서 알려 주지 않는 이상 고객은 당신을 지명하지 않을 것이다. 당신이 마음에 들었다면 고객은 당신의 요청을 거절할 이유가 없다. 또한 고객에게 인상 깊은 디자이너가 되고 싶다면 Y형 인간이 되어 보자.

고객이 당신의 이름을 알게 하라!

요즘은 많은 헤어숍이 직원용 명찰을 제작해서 착용하게 한다. 이는 일종의 〈직원 실명제〉로, 고객이 직원의 이름을 알 수 있도록 하기 위함이다. 그런데 고객들은 정작 머리를 하는 동안 담당하는 디자이너나 인턴의 이름을 몇 번이나 보고 기억할까? 명찰을 착용하고 있으니 당연히 알고 있을 것이라고 생각하는가? 그건 우리들만의 착각이다. 고객이 헤어숍에 방문해서 나갈 때까지 직원을 최소 두 명에서 많게는 다섯 명까지 대면한다. 과연 고객은 그중 한 명이라도 이름을 기억할까? 대부분의 고객은 한 명도 이름을 기억하지 못한다. 모두 명찰을 하고 있는데도 말이다. 당신이 한번 담당했던 고객을 계속 담당하고 싶다면, 고객이 당신을 기억하게 하고 싶다면 눈을 맞추고 당신의 이름을 정확히 알려 주어야 한다.

최근에는 모바일을 통한 예약이 많아지긴 했지만 아직도 전화 예약의 비율이 꽤 높다. 매장으로 전화가 걸려 오면 보통 안내 데스크에 있는 매니저가 전화를 받는다. 때마침 해당 고객의 디자이너가 전화를 받는다면 좋겠지만 그런 경우는 거의 없다. 이때 고객이 담당 디자이너를 콕 찍어 지명하지 않는다면 다른 디자이너에게 예약될 가능성이 크다. 다음의 대화를 보면 이해될 것이다.

매니저 반갑습니다. 고객님! ○○○헤어숍입니다. 무엇을 도와드릴까요?

고객 네. 펌을 하고 싶어서 전화했는데요. 예약 좀 해주세요.

매니저 네~ 고객님. 어떤 디자이너에게 예약해 드릴까요?

고객 음……, 글쎄요. 제가 성함을 잘 몰라서……. 그냥 잘하시는 분으로 해 주세요.

대체로 이렇게 대화가 이어진다. 고객이 〈그냥 잘하시는 분
으로 해주세요〉라고 할 때 매니저가 찰떡같이 알아듣고 펌을
더 잘하는 디자이너에게 지정해 주면 좋을 텐데 매장 시스템
은 그렇지 않다. 지명이 없으면 순번으로 돌아가면서 고객을
지정해 주는 것이 대부분 헤어숍의 시스템이다. 이것은 디자
이너 간의 불협화음을 줄이고 공평하게 기회를 주려는 목적이
다. 디자이너는 월급제가 아닌 자율 소득제의 체계를 따르므
로 매출에 따라 소득이 달라지기 때문이다. 매니저가 순번을
잘못 파악해서 어떤 디자이너가 고객 배정을 못 받았을 경우
해당 디자이너가 불이익을 당했다며 불만을 제기하면서 사소
한 언쟁이 오가기도 한다. 이런 시스템에서 고객이 지명하면
그 누구도 토를 달 수 없다.

고객은 〈지명 시스템〉을 모른다

그럼 왜 고객은 담당 디자이너를 콕 찍어서 지명하지 않는
것일까? 마음에 들지 않아서? 그럴 수도 있지만 대부분은 헤
어숍의 〈지명 시스템〉을 모르기 때문이다. 고객이 〈누가 해주
셔도 상관없어요〉라고 말하는 순간 당신은 그 고객을 담당할
기회를 영영 잃을 수도 있다. 왜? 오늘 담당했던 디자이너가
그 고객에게 이름을 정확히 각인시켜 앞으로 전담 디자이너가
될 수도 있으니까. 왜 당신은 고객에게 〈특별히 저를 기억해
주세요〉라고 말하지 않는가? 당신의 기술이 독보적이어서 누
구도 따라올 자가 없다면 모를까, 별반 차이가 없다면 고객이

자기의 이름도 정확히 알려 주지 않는 당신을 지명하기란 쉽지 않은 일이다.

「○○님, 다음에 방문하실 때 저를 꼭 지목해 주세요.」
「제가 ○○님의 스타일을 책임지고 관리해 드리겠습니다.」
「○○님께서 저를 지목해 주셔야 제가 담당해 드릴 수 있습니다.」
「저의 이름은 ○○○입니다.」

고객이 만족했다면 위와 같이 당당히 말하라! 당신이 끔찍하게 싫지 않은 이상 다시 방문했을 때 당신을 지목하지 않을 이유가 없다. 고객에게 당신의 이름을 기억해 주길 권했다면 당신도 고객의 이름을 기억해야 한다. 당신은 헤어숍에 방문하는 고객의 이름을 몇 명이나 기억하고 있는가? 물론 전부를 기억하기란 어렵다. 그렇다면 최소한 당신이 담당하고 있는 고객의 이름 정도는 알고 있어야 한다. 고객이 전화해서 〈저 ○○입니다〉라고 한다면 당신은 그 사람이 0.1초 만에 머릿속에 떠올라야 한다. 만약 1초라도 〈음~〉이라고 했다면 고객이 당신을 기억해 줄 것을 기대하지 말자. 당신도 잊고 있었지 않은가.

자신의 이름을 불러 주는 것은 아이 어른 할 것 없이 모두 좋아한다. 내가 처음 대학교에 근무했을 때 학생이 너무 많아서 모두 이름을 기억하기가 어려웠다. 신입생이 들어오면 계열에서 각 전공별로 40명씩 입학하기 때문에 3개의 전공이면 120명이나 된다. 정원 외 입학자와 복학생까지 포함한다면 그보다 더 많은 학생이 한꺼번에 들어오는 셈이다. 나는 학생들의 사진과 이름, 출신 고등학교, 거주 지역 등을 정리해서 책상 위에 펼쳐 놓고 매일 아침 출근해서 들여다보았다. 120여 명의 이름을 외우는 데 딱 한 달 걸렸다.

헤어숍은 한꺼번에 수십 명씩 신규 고객이 창출되는 것이 아니므로 조금만 노력하면 어렵지 않게 기억할 수 있다. 또한, 시술하는 내내 대화를 나누기도 하지 않는가! 고객의 이름을 기억하고 불러 주는 것이 훨씬 기분이 좋다. 〈고객님〉이라고 부르는 것보다 〈정아 님〉과 같이 이름 뒤에 〈님〉자를 붙여서 불러 보자. 전업 주부들은 대개 〈엄마〉, 〈여보〉, 또는 아이의 이름을 넣어 〈○○엄마〉 등으로 불린다. 자신의 이름도 잊힐 만큼 잘 불러 주지 않는다. 당신이 그녀들의 이름을 찾아 주자! 우리 매장에 있는 한 디자이너는 고객의 이름은 물론이고 차종까지 기억한다. 그 직원은 항상 고객과의 대화에서 소재가 넘쳐 난다. 자신의 관심사를 연결해서 기억하는 것도 좋은 방법이다.

일을 즐기는 사람 vs. 돈만 벌려는 사람

헤어 디자이너라는 직업은 즐기지 않으면 오랫동안 할 수 없다. 고객은 당신이 일을 즐기고 있는 사람인지 금방 파악한다. 단순히 돈을 벌기 위한 직업으로 미용을 선택하지 않기 바란다. 일하는 내내 웃지 못할 수도 있다. 〈돈을 벌기 위해 일을

42

하는 사람〉과 〈일을 즐기는 사람〉은 쉽게 구별된다. 전자는 매우 수동적이어서 그저 시키는 일만 한다. 성실하면 어느 정도 돈을 벌긴 하겠지만 많은 돈을 벌 수 없다. 후자는 매우 능동적이어서 주어진 일은 물론이고 없는 일도 만들어서 한다. 좋아서 하는 사람은 에너지가 넘치고 항상 즐겁다. 상대방에게 좋은 영향과 좋은 에너지를 줄 수 있어서 고객 또한 좋아한다.

미국의 심리학자 더글러스 맥그리거Douglas McGregor는 조직에서 인간의 유형을 두 가지로 구분했다. 이를 〈XY이론〉이라고 한다. 그는 모든 인간은 X형 인간과 Y형 인간으로 나뉜다고 했다. X형 인간은 게을러서 일과 책임을 싫어하고 노력을 하지 않아 비능률적이다. Y형 인간은 능동적이고 긍정적이다. 일에서 보람을 느끼기 때문에 자기 통제하에 책임지기를 좋아하고, 일의 능률도 올라간다. 즉 〈자기 동기부여〉가 강하다는 것이다. 일을 즐기는 자는 Y형 인간일 가능성이 크다.

X형 인간	Y형 인간
부정적	긍정적
수동적	능동적
일하기 싫어함	일에 보람을 느낌
노력을 하지 않음	자기통제
책임지기 싫어함	책임을 지려 함
비능률적이기 때문에 강압적 통제 필요	스스로 자기 동기부여적임

헤어 디자이너라는 직업은 항상 양면성을 지닌다. 멋지고 화려해 보이지만 힘들고 고단하다. 나는 이 직업을 항상 백조와 같다고 표현한다. 겉에서 보기에는 〈우아한 백조〉처럼 물 위를 둥둥 떠다니지만 물 아래에서는 쉴 새 없이 발질을 해야 한다. 미용을 배우고자 하는 학생들에게 처음 하는 질문이 〈왜 미용을 배우고 싶어 하는가?〉이다. 학생들의 대답은 천차만별이지만 50퍼센트 이상이 〈멋있어 보여서〉이다. 이렇게 시작한 학생들 대부분이 디자이너가 되기 전에 미용을 그만둔다. 얼마나 고되고 인내가 필요한지 실제로 배워 봐야 깨닫는다.

일을 즐기지 않는 사람은 오랫동안 헤어숍에서 근무하기 힘들다. 체력 소모가 많기도 하고 기술이 어느 수준으로 올라설 때까지는 많은 시행착오와 마음고생을 겪어야 하기 때문이다. 돈을 벌려고 억지로 헤어숍에 출근하는 사람과 즐기는 사람의 표정은 다르다. 풍기는 에너지도 다르다. 나는 스트레스가 많을 때 헤어숍에 앉아 있으면 기분이 좋아진다. 많은 고객들을 만나면서 나누는 즐거운 일상의 대화가 내겐 힐링이다. 내가 만들어 주는 커피 한잔에서 〈삶의 여유〉를 느낀다는 고객이 있어 힘이 난다. 당신은 어느 쪽이고 싶은가?

「원장님은 항상 즐거워 보여요. 제가 다 기분이 좋아지네요.」 내 고객의 말이다. 이럴 때 나는 다음과 같이 말한다. 「당연히 즐겁죠. ○○ 님을 만나는데 어찌 즐겁지 않겠어요. 저는 여기 있는 게 힐링입니다.」 물론 나도 항상 즐거운 일만 있는 것은 아니다. 하루 종일 정신없이 바쁜 날은 체력적으로 힘들다. 주말에 퇴근하고 집에 가면 녹초가 되기도 한다. 그러나 뿌듯함이 있고 일을 즐기기 때문에 충분히 상쇄된다. 지금이야 살롱 워크를 하진 않지만, 나도 한창 때(30대까지)는 엄청나게 많은 일을 했다.

〈고액 연봉을 받는 디자이너〉에서 B 헤어숍 점장에 관한 얘기를 했었다. 그 점장은 분명 일을 즐기고 있었다. 매사 긍정적이었으며 능동적이고 행복한 표정이다. 표정이 즐겁고, 목소리가 즐겁고, 말투가 즐겁다. 그 즐거운 에너지는 분명 고객에게 전달되고 있었다. 고객에게 인상 깊은 디자이너이고 싶다면 Y형 인간이 되어 보자. 어딜 가더라도 사랑받을 것이다.

> ## 세 가지 실천 팁
> 첫째, 고객이 당신의 이름을 기억할 수 있도록 눈을 맞추고 이름을 말하라.
>
> 둘째, 일반인은 헤어숍의 지명 시스템을 모른다. 다음에도 당신을 지명해 달라고 부탁하라.
>
> 셋째, 능동적인 Y형 인간이 되어라. 어딜 가도 사랑받을 것이다.

02 공감의 법칙:
커트 기술이 전부가 아니다

듣기는 감동 서비스다

고객과 대화가 잘 통하는 디자이너가 되고 싶다면 고객의 말에 귀를 기울여라. 그리고 무한 리액션으로 고개를 끄덕여줘라. 당신의 끄덕임에 고객은 감동한다. 너무 많은 사람을 상대하다 보니 들어 주는 일도 힘든가? 항상 귀 기울여 듣는 것이 어렵다면 들어 주는 척이라도 해보자. 그것만으로도 고객은 마음의 위안을 받고 힐링이 된다.

듣기만 잘해도 대화가 잘 통하는 사람이 된다

대화가 잘 통하는 사람이 있다. 왠지 그 사람과 같이 대화하다 보면 내 마음이 편해지고 답답함이 사라지는 듯한 기분이 든다. 나에게 특별한 얘기를 한 것도 아닌데 나를 잘 이해해 주고 있다는 생각이 든다. 바로 내 이야기에 귀 기울여 주는 사람이다. 내가 열 마디를 하면 그 사람은 한 마디 정도 한다. 그리고 무언의 메시지를 보낸다. 〈그렇구나, 그런 일이 있었구나! 난 널 충분히 이해해〉라고 말이다. 당신이 고객에게 그런 사람이 되어 보자. 고객은 그냥 얘기가 하고 싶을 뿐이다. 당신이 들어만 주어도 마음이 후련해지고 기분이 좋아지는 느낌을 받을 것이다.

누군가와의 대화에서 가장 힘든 부분이 〈듣기〉이다. 사람은 대부분 자기 말을 더 하고 싶어 한다. 자신이 알고 있는 것을 안다고 이야기하고 싶고, 상대방이 틀린 말을 하면 바로잡아 주고 싶어 한다. 상대방이 고민을 털어놓으면 무언가 조언을 해주어야 할 것 같고, 자기 자신의 경우에 대해서도 말하고 싶다. 따라서 〈듣기〉란 굉장히 어려운 일이다. 진정한 〈듣기〉란 상대방이 하는 말의 내용을 이해하면서 듣는 것이다. 그리고 〈너의 말을 잘 듣고 있어!〉라는 무언의 메시지가 중요하다. 대부분 자기 자신이 잘 듣는다고 생각하는 사람도 사실은 그렇지 않을 수 있다. 왜냐하면, 내가 듣고 싶은 것만 선별해서 듣기도 하고, 답을 미리 정해 놓고 듣는 사람도 있기 때문이다.

똑같이 이야기해도 사람은 자기가 듣고 싶은 것만 듣는다. 상대방의 이야기에 오롯이 집중하지 못하기 때문일 수도 있고, 자기 할 말을 생각하느라 듣지 못하는 경우도 있다. 대체로 사람들은 대화를 할 때 자신이 언제 대화의 주도권을 가져올까 생각하느라 잘 듣지 못한다. 예전에는 말을 잘하는 사람이 주목받고 똑똑하다고 인정받는 때가 있었다. 지금은 달라졌다. 잘 듣는 사람이 지혜로운 사람이다. 말을 잘해서 똑똑하다고 인정받고 싶겠지만, 고객에게 그러지 말자. 고객은 대화가 잘 통하는 디자이너를 더 좋아한다. 대화가 잘 통하는 디자이너는 〈잘 들어 주는 사람〉이라는 것을 잊지 말자!

무언의 리액션에 고객은 감동한다

내가 경영하던 헤어숍에 근무하던 남자 디자이너 H가 있었다. 유난히 주부 고객의 지정이 많아 예약이 늘 꽉 차 있던 디자이너였다. 보통 여자들의 심리가 남자 디자이너보다는 여자 디자이너를 선호한다. 남자 디자이너의 손놀림이 왠지 모르게 여자 디자이너보다 세련되지 못하다는 편견이 있기 때문이다. 그러나 H 디자이너는 예외였다. 오히려 다른 여자 디자이너보다 지명 고객이 훨씬 많았다. 물론 외모도 준수하고 깔끔한 이미지를 가지고 있었지만, 그 때문만은 아니었다.

〈H 디자이너에겐 어떤 매력이 있는 것일까?〉 어느 날, 그 이유를 알고 싶어서 그를 유심히 관찰했다. H 디자이너는 고객의 머리를 시술할 때 하는 공통적인 행동이 있었다. 고객이 이야기를 할 때는 무조건 〈아~ 그렇군요!〉, 〈음~ 그랬구나!〉, 〈네~ 그런 면이 있네요!〉 하면서 그저 고개를 〈끄덕끄덕〉했을 뿐 별말은 하지 않았다. 스타일링을 하는 데 필요한 몇 마디 말고는 그 말뿐이었다. 그렇다고 커트를 정교하게 잘하는 것도 아니었다. 스타일링을 마치고 고객이 나갈 때 보면 양쪽 밸런스가 맞지 않거나, 펌이나 염색의 시술 결과가 완벽하지도 않았다. 그런데도 고객들은 항상 H 디자이너를 찾았고, 매우 만족스럽다고 했다.

이렇듯 실제로 사람이 소통하는 데 있어 상대방의 마음을 여는 기술은 〈듣기〉이다. H 디자이너는 〈무언의 리액션〉을 통해 감동을 이끌어낸 것이다. 누군가는 〈멘토의 조언 한마디로 인생이 바뀌었다〉고 말하기도 한다. 특정 전문 분야나 인생의 통찰력을 지닌 사람이라면 그것이 가능할 수도 있다. 그러나 일반적인 사람들과의 대화에서는 그 사람에게 딱 맞는 조언을 통찰력 있게 전달하기란 매우 어렵다. 오히려 괜한 오지랖으로 비칠 수도 있다. 대화의 상대가 고민을 얘기한다고 해서 괜한 조언을 하기보다는 그냥 들어만 주자. 그래도 상대방은 마음이 훨씬 부드러워지고 편안해진다. 이때 좀 더 상대방을 이해하고 있다는 행동을 보여 주는 것이 중요하다.

무한 끄덕임 〈너의 말을 이해하고 공감해〉라는 비언어적 태도
상황에 맞는 표정 〈나도 그렇게 느껴〉라는 비언어적 태도
한 번씩 〈그렇구나!〉라고 동조하기 마음을 알아주는 위로의 말

이것으로 상대는 당신한테 강한 긍정의 이미지를 받을 수 있다.

듣기가 너무 힘들면 〈들어 주는 척〉만이라도

고객이 돌아가고 내가 H 디자이너에게 질문했다. 「무슨 얘기를 그렇게 끊임없이 해요? 대화가 잘 통하나 보네요.」 그러나 H 디자이너는 고객과 무슨 대화를 나누었는지 기억하지 못한다고 했다. 「그냥 들어 주기만 했어요. 사실 재미도 없고 공

감이 잘 가지 않는 내용들이었어요.」 실제로 그 고객들은 남편 험담이나, 아이 친구들의 학부모 험담, 시부모나 시누이들의 험담을 주로 많이 한다. 남자 디자이너 입장에서 100퍼센트 공감하기는 어려운 이야기일 것이다. 그런데도 H 디자이너는 남자로서 반론을 제기하지 않고 오히려 〈무한 끄덕임〉으로 공감을 해주었다. 고객은 〈남편도 이해해 주지 못하는 내 마음을 헤어숍에서 위로받고 가는구나!〉라는 심적 위로를 느낀 것이다. 이 〈심적 위로〉는 디자이너의 〈기술이 뛰어나다〉는 것과 동일시되는 현상으로 나타났다. 〈H 선생님이 해준 스타일이 아주 마음에 쏙 들어요. 실력 좋으시네요〉라고 고객들은 하나같이 입을 모았다.

〈많은 고객을 상대하는데 어떻게 계속 들어만 주나요? 듣는 것이 얼마나 어려운 일인데요. 그렇게 말하고 싶으면 상담 센터를 가면 되지, 왜 우리에게 들어 주라고 하나요?〉라고 반문하는 디자이너도 물론 있다. 그렇다. 듣는 것은 심리 상담사나 정신과 의사의 영역이지 헤어 디자이너의 영역은 아니라고 생각할 수 있다. 그렇다면 들어 주는 척이라도 해보자. H 디자이너는 고객과 대화한 내용을 주의 깊게 들어 준 것이 아니라 〈들어 주는 척, 공감하는 척〉만 한 것이다. 그 정도로도 고객은 힐링이 되고 마음의 위안을 얻는다.

하고 싶은 말을 못할 때의 〈답답함〉이 있다는 것은 누구나 잘 안다. 가까운 사람에게도 속 시원히 털어놓지 못하는 것은 비밀이 잘 지켜지지 않을 위험이 있기 때문이다. 헤어숍에서 머리를 하면서 그런 답답함을 푸는 사람들이 생각보다 많다. 어떤 디자이너는 고객이 고민을 얘기할 때, 조언을 해주려고 한다. 마치 자신이 상담사라도 된 것처럼 고객의 고민을 듣자마자 해결책을 제시한다. 〈고객님을 위해서 하는 말이에요!〉라면서 말이다. 그 디자이너는 진정으로 고객을 생각해서 조언해 준 것이다. 그러나 그 말을 꺼내는 순간 고객은 고맙다고 생각할까? 그렇지 않다. 고객은 오해를 하기 시작한다. 〈내가 괜히 말했나? 뭐야, 기분이 나쁘네!〉라는 생각이 들 수 있다. 당신의 섣부른 조언에 고객이 당신을 떠날 수도 있다. 진정으로 고객을 위해서 한 조언도 나중에 〈독〉이 되어 돌아올 수 있으므로 조심할 필요가 있다. 고객은 말이 하고 싶은 것뿐이지 조언을 듣고 싶은 게 아니기 때문이다.

세 가지 실천 팁

첫째, 〈듣기〉만 잘해도 상대방의 마음을 얻을 수 있다.

둘째, 〈끄덕임〉이 고객을 감동시킨다. 무언의 리액션으로 동의를 표현하라.

셋째, 섣부른 조언은 상대방의 기분을 상하게 할 수도 있다.

공감하기에도 기술이 있다

고객으로부터 신뢰받고 싶다면 당신이 먼저 고객을 인정해야 한다. 고객의 장점을 하나 찾아내어 진심으로 칭찬해 보자. 고객은 당신의 좋은 점을 먼저 보려 할 것이다. 만약 고객이 컴플레인을 제기했다면 불편했던 고객의 마음에 먼저 공감하라. 당신에게 아무리 잘못이 없더라도 고객 입장에서는 아닐 수 있다. 자신을 낮추고 진심을 담아야 한다.

고객에게 신뢰받고 싶다면 고객을 인정하라!

대부분의 사람에겐 인정받고 싶은 욕구가 있다. 어린아이부터 노인까지 예외는 없다. 심지어 집에서 키우는 반려견한테도 〈인정 욕구〉가 있다! 인정받고 싶은 욕구가 채워지지 않으면 자존감이 낮아지고 왠지 상대방에 대한 불신이 생긴다. 우리가 상대방에 대한 인정에 인색한 이유는 상대방을 인정해 주고 싶지 않아서가 아니다. 그 사람에게 관심이 없기 때문이다. 소통은 상대방에게 관심을 보이면서부터 시작된다. 누군가를 만났을 때 무조건 그 사람의 장점을 하나 찾아내 보자. 그리고 말로 표현해 보자. 상대방은 바로 마음을 열고 당신의 말을 신뢰하게 될 것이다.

〈처음 만난 사람의 장점을 어떻게 발견하나요? 내 장점을 찾기도 힘든데……〉라면서 볼멘소리를 하는 디자이너도 있다. 하지만 상대방의 장점은 그의 말을 주의 깊게 듣다 보면 찾을 수 있다. 자기가 말을 많이 하고 싶어서 상대방의 얘기를 귀 담아 듣지 않기 때문에 보이지 않는 것이다.

우리는 선생님이나 부모님이 무슨 말을 계속하면 잔소리라고 한다. 어린 시절 초등학교에 다닐 때 교장 선생님의 〈훈화 말씀〉을 들어 보았을 것이다. 왜 그렇게 듣기가 싫던지, 뭐라고 말씀하시는지 귀에 하나도 들어오지 않았다. 〈그만 좀 하지〉 하면서 옆 친구와 잡담한 기억이 난다. 지금 생각해 보면 교장 선생님 말씀에 틀린 얘기는 없었던 것 같다. 모두 좋은 말씀이었던 것 같고, 〈하지 말아라〉라고 하는 얘기가 대부분이었을 것이다. 그런데 우리 귀는 참으로 신기한 능력을 갖고 있다. 듣기 싫은 말은 아무리 코앞에서 얘기해도 거름망이 걸러 내듯 귓속으로 들어가지 않는다. 여기서 듣기 싫은 말은 순전히 개인적이다. 아무리 좋은 이야기를 해주어도 스스로 잔소리라고 여기면 그건 잔소리가 되는 것이다.

어느 날 고객이 1주일 만에 펌이 풀렸다며 살롱을 다시 방문했다. 담당 디자이너는 고객의 머리를 이리저리 살펴보더니 〈샴푸를 먼저 해 보고 말씀드릴게요〉 하면서 샴푸실로 고객을 안내했다. 샴푸를 하고 나온 고객의 머리는 문제가 없어 보였다. 〈고객님, 지금 샴푸를 해보니 웨이브에는 문제가 없어요. 다시 시술하기는 어려울 것 같습니다〉라고 고객에게 문제가 없음을 강하게 어필했다. 그러고는 〈오늘은 제가 스타일링을 멋지게 해드리겠습니다. 물론 비용은 받지 않겠습니다〉라며 고객에게 서비스를 제안했다. 고객은 서비스로 샴푸도 하고 스타일링도 받았으니 기분이 좋았을까?

그렇지 않다. 고객은 상당히 기분 나빠 했다. 여기서 많은 디자이너가 의문을 가진다. 〈도대체 뭐가 문제인가요? 그리고 디자이너는 상당히 친절해 보이는데요〉라고 말이다. 내가 봐도 퍼머넌트 웨이브에 대한 물리적인 문제는 없어 보였다. 담당 디자이너도 친절하게 웃으면서 고객을 상대했다. 문제는 고객이 인정받지 못했다는 데서 기분 나빠한 것이다.

고객이 화가 난 진짜 이유

고객은 자신이 생각하기에 펌이 풀린 것 같다는 느낌이 들었다. 상담을 받고 싶어서 디자이너에게 방문한 것이다. 이때 디자이너가 다음과 같이 말했다면 어땠을까?

「아~ ○○고객님. 펌이 풀린 것 같아서 많이 불편하셨겠어요. 먼저, 샴푸를 해보고 다시 말씀 드리겠습니다.」여기서 중요한 것은 고객의 불만을 인정하고 그동안 불편했던 마음을 알아주는 것이다. 고객이 방문한 목적은 〈내가 지금 이런 느낌이 들어서 불편한데 어떻게 하면 좋을지〉 전문가인 디자이너와 상담하고 싶었던 것이다. 담당 디자이너는 지레짐작으로 〈재시술을 하려고 불만을 얘기하는 거야〉라고 답을 정해 놓고 고객을 상대했기 때문에 고객의 마음을 충분히 헤아리지 못했던 것이다.

디자이너들은 대부분 고객이 불만을 제기했을 때, 무언가 다시 해달라고 요청할 것 같은 걱정이 앞선다. 이때 고객의 말을 〈인정〉하면 자신을 〈부정〉해야 한다고 생각한다. 즉, 자신이 실력이 없어서 잘못한 것을 〈인정〉하게 되는 것이라고 생각한다. 그래서 고객의 마음을 충분히 들여다볼 생각을 하지 못한다. 물론 다시 시술해 주어야 할 경우도 있다. 그때는 해주면 된다. 그전에 고객의 소리, 마음의 소리에 귀를 기울여 보자! 물리적인 문제가 없을 때는 그것만으로도 충분할 수 있다. 중요한 것은 바로 〈인정〉이다.

내게 오랫동안 머리를 맡기는 고객이 있다. 미리 말하지만 나는 대학교에서 학생들을 가르치는 교수이지만 헤어숍을 운영하는 대표이기도 하다. 영국 런던에 소재한 비달사순 스쿨에서 헤어 디자인 공부를 하고 온 경험을 살려 헤어숍을 운영하고 있다. 물론 나를 원하는 고객이 있다면 감사하는 마음으로 기꺼이 직접 시술해 드린다. 나를 찾아 주는 누군가가 있다는 것은 나를 〈인정〉해 주는 것이기 때문이다.

어느 날은 고객이 원한 것보다 머리 길이를 너무 짧게 잘랐다. 그 고객은 머리가 너무 짧아졌다며 〈저는 이렇게 짧은 머리가 여성스럽지 않고 보이시해서 별로예요〉라며 불편한 표정을 지었다. 그러나 그 고객이 지목한 이미지의 스타일은 그 길이로 잘라야 예쁜 형태를 만들어 낼 수 있는 디자인이었다. 이때 내가 〈원래 이 디자인은 이 길이로 잘라야 예쁜 겁니다. 이렇게 커트해 달라고 하셨잖아요. 디자인에 문제는 없습니다〉라고 했다면 어땠을까? 내가 아무리 실력 있는 대학 교수라고 해도 고객의 입장에서는 받아들이기 힘들었을 것이다.

「○○님 죄송해요. 어쩌죠? 이 디자인이 이렇게 커트를 해야 예뻐서 그랬는데, 죄송합니다. 너무 짧은 느낌이신가요?」나는 일단 사과를 했다. 내가 아무리 문제가 없다고 해도 고객의 입장에서는 짧은 것이 싫을 수 있기 때문이다. 그 고객은 〈조금 짧긴 하지만 그래도 예쁘네요. 두 달 정도 기르면 훨씬 좋겠죠? 돈 굳었네요〉라면서 오히려 나를 위로했다. 그리고 커트를 하면서 내가 추천했던 볼륨펌을 해달라고 했다. 예정에는 없었지만 〈이 디자인에 볼륨펌을 하면 훨씬 여성스럽고 손질이 편해요〉라고 했던 내 말을 신뢰한 것이다.

모든 헤어 시술을 마치고 살롱을 나갈 때는 추천했던 헤어 에센스를 하나 구입했다. 나는 에센스를 팔려고 하지도 않았으며 그냥 고객이 하는 말을 듣고 〈이럴 땐 이렇게 하시면 좋아요〉라는 말만 했을 뿐이다. 내가 한 것이라곤 〈고객의 마음을 이해한다〉는 표시와 〈내가 잘못해서 죄송하다〉는 진심의 표현뿐이었다. 고객은 알고 있다. 〈진심을 담은 것〉과 〈진심인 척하는 것〉을. 진심은 그 사람의 태도에서 묻어나기 때문이다.

공감도 타이밍이 중요하다

공감을 할 때는 상대방의 긍정적인 부분을 공감하는 것이다. 상대방이 자신의 약점이 될 만한 것을 말했을 때는 공감하면 안 된다. 그때 하는 공감은 오히려 상대방의 약점을 지적하는 것으로 비칠 수 있기 때문이다. 누군가의 약점을 말하는 것은 비록 〈위로의 말〉일지라도 그 사람의 자존심을 상하게 할 수도 있다. 지금은 온 가족이 우리 헤어숍 단골이 된 고객의 예를 들어 보겠다.

「우리 아이는 왜 이렇게 정서불안인지 모르겠어요. 가만히 있지를 않네요.」 아이의 엄마가 말했다. 한시도 가만히 있지 않은 아이를 두고 땀을 뻘뻘 흘리는 디자이너에게 미안한 마음에 그랬을 것이다. 이때 디자이너가 〈그러게요. 조금 그렇긴 하지만 그래도 이 정도면 잘 있는 거예요〉라고 말했다면 어땠을까? 고객은 이 말을 칭찬으로 받아들일까? 그렇지 않다. 〈한시도 가만히 있지 않아서 매우 힘드니 안 왔으면 좋겠다〉고 받아들일 것이다. 분명히 디자이너는 〈이 정도면 잘하는 거예요〉라고 했지만, 그것은 진짜 잘한다는 것이 아니라 그냥 손님이기 때문에 인사치레로 한 얘기라고 생각할 것이다.

대부분의 엄마들은 다른 누군가가 자신의 아이를 훈계하는 것을 좋아하지 않는다. 아이는 곧 자신이기 때문이다. 훈계하는 사람이 아이의 아빠라고 할지라도 기분이 나쁘다. 위와 같은 상황이었을 때 우리 디자이너는 다음과 같이 말했다.

「아이가 가만히 있으면 아픈 거예요. 뛰어다니는 게 맞습니다. 당연히 가만히 안 있는 게 정상이죠.」

사실 그렇다. 아이는 가만히 있지 못한다. 그것이 정상이다. 그래서 아이 키우는 것이 힘들다고 하는 것이다. 어른과 아이의 열정이 맞지 않아서 아이를 보살피는 것이 힘에 부치는 것이다. 특별히 정서불안이어서가 아니라는 얘기다. 아이의 엄마는 자신의 아이가 정말로 정서불안이라 그렇게 말했을까? 아니다! 그냥 한 말이다. 그렇기 때문에 〈엄마의 말에 동의하지 못한다〉는 디자이너의 말에 속으로는 기분이 좋았을 것이다. 공감할 때는 상대방의 〈감정〉을 공감하라는 것이다. 절대로 상대방의 말이나 행동에 공감하라는 것이 아니다. 특히 그것이 〈약점〉이라면 더욱 그렇다.

세 가지 실천 팁

첫째, 오늘 당장 당신을 찾아온 고객의 장점을 찾아내 칭찬해 보자.

둘째, 컴플레인을 제기했다면, 고객의 감정에 먼저 공감하라.

셋째, 공감도 타이밍이다. 절대로 고객의 약점에 공감하지 말라.

대화를 이끌어 가는 질문

처음 만난 고객과 자연스럽게 대화를 이어 가고 싶다면 고객에게 관심을 가져라. 그 후 고객에게 질문을 잘하는 것이 중요하다. 고객의 문제점을 당신이 먼저 지적하는 것은 고객의 기분을 상하게 할 수도 있다. 고객 스스로 자신의 문제점을 말할 수 있도록 유도해야 한다. 그때 당신이 그 문제점을 해결해 줄 수 있다는 것을 알려라. 고객에게 질문할 때에는 질문에 답할 수 있는 선택지를 구체적으로 제시해 주어야 한다. 질문이 광범위하면 대화의 연결이 어려워질 수 있다.

첫 내방 고객과 대화의 물꼬 트기

고객을 처음 만났을 때 어떤 말을 해야 하나 고민하는 디자이너가 의외로 많다. 처음 보는 사람인지라 공통점이 있는 것도 아니고 아무 정보도 없다. 그렇기 때문에 대화가 물 흐르듯 이어지는 경우가 많지 않다. 대부분의 사람들은 〈대화란 서로 주고받아야 한다〉라고 생각한다. 그러나 앞에서도 말했지만 사실은 그렇지 않다. 상대방의 말을 잘 들어 주는 것만으로도 대화가 잘 통한다고 볼 수 있다. 이때 〈당신의 말에 동의한다〉는 무언의 메시지를 동반한다면 더 좋다고 했다. 그러자면 디자이너는 고객에게 말할 수 있는 기회를 만들어 주어야 한다. 여기서 〈기회〉란 〈이야깃거리〉이다. 디자이너인 당신이 질문을 잘해야 고객은 이야깃거리가 생긴다. 처음부터 어떤 질문을 해야 할지 고민하지 말라. 잠시 고객에게 관심을 가지고 집중하라! 처음부터 고객에게 당신의 목적을 이루기 위해 질문한다면 고객은 아무 말도 하지 않을 것이다.

남성 고객이 매장에 예약 없이 방문했다. 이 남성 고객은 어떤 헤어 시술을 받고자 방문했을까? 여러분은 곧바로 〈헤어 커트〉라고 떠올렸는가? 사실 대부분의 디자이너들은 남성 고객이 헤어숍을 방문하는 이유는 커트를 하기 위해서라고 생각한다. 사실 그렇기도 하다. 그러나 왜 항상 남성 고객은 커트만 한다고 생각을 하는 걸까? 가장 큰 원인은 디자이너가 권하지 않기 때문이다. 권하지 않는다는 것은 질문을 잘못 던지고 있다는 것이다. 다음의 대화를 살펴보자.

직원 어서 오세요. 고객님! 예약하셨나요?

고객 아니요. 오늘 처음입니다.

직원 아! 네, 그러시군요(웃음). 커트하시겠어요?

고객 네.

직원 잠시 기다려 주시면 바로 안내해 드리겠습니다.

대화에서 무엇이 잘못된 것일까? 혹시 당신은 〈뭐가 문제인가요? 친절하게 잘 말한 것 같은데요〉라고 생각하지는 않는지……. 대부분의 디자이너들은 이와 같은 대화 패턴을 가지고 있다. 그런데 이상하지 않은가? 왜 항상 남성 고객은 커트만 할 것이라고 생각하는가! 남성 고객도 염색, 펌, 헤드 스파 등 다양한 시술을 할 수 있다. 다만 담당 디자이너가 권하지 않기 때문이다. 고객을 잘 관찰하면 고객의 문제점이 보인다. 남성 고객이라도 처음 방문했을 때 무조건 〈커트하시겠어요?〉라고 질문하지 말자. 다음의 대화를 다시 한번 살펴보자.

직원 어서 오세요. 고객님! 예약하셨나요?

고객 아니요. 오늘 처음입니다.

직원 아! 네, 그러시군요(웃음). 펌을 하실 건가요?

고객 아니요. 커트하려고 합니다.

직원 아! 네(웃음). 잠시만 기다려 주시면 바로 안내해 드리겠습니다.

위의 두 대화에서 무엇이 달라졌는가! 여러분은 〈결과는 똑같은데, 뭐야〉라고 생각할 수도 있다. 물론 결과적으로는 커트만 하겠다고 했다. 그러나 남성 고객은 생각했을 것이다. 〈내가 펌을 해야 하나?〉라고 말이다. 디자이너는 이 남성 고객의 머리를 커트하면서 질문을 던지면 된다. 이때 질문만 잘해도 헤어에 대한 고객의 생각을 들을 수 있다.

〈고객님, 머리 손질하실 때 제일 불편한 점은 어떤 건가요?〉라고 고객의 가장 불편한 점을 묻는다. 고객은 불편한 점을 말할 때 자신의 문제점을 생각할 것이다. 이때 디자이너가 마땅한 시술을 권하면 보다 쉽게 받아들일 수 있다. 고객이 하고자 했던 시술과 다른 시술을 권할 때는 스스로 문제가 있다고 인식한 그 순간에 권해야 한다. 고객이 느끼는 가장 불편한 점을 당신이 해결해 줄 수 있을 것이라고 믿게 되는 것이다.

무턱대고 다음과 같이 말한다면 고객은 받아들일까?

「고객님은 머리숱이 없어 보이니 펌을 하시면 볼륨감이 있어서 풍성해 보일 거예요. 펌을 한번 해보세요.」 사실이 그렇더라도 고객의 입장에서는 자신의 단점을 여과 없이 말한 것에 대해 기분이 나쁠 수도 있다. 그리고 상술로 느껴질 수 있다. 진심으로 고객의 문제를 해결해 주고자 하는 마음으로 고객을 대하라. 그리고 관심을 가지고 관찰하라. 고객에 대한 무관심이 질문을 잘못하게 되는 가장 큰 이유이다.

고객이 다 알 거라는 생각을 버려라!

우리가 가장 많이 하는 실수가 〈내가 알면 상대방도 알 것〉이라는 무의식이다. 비슷한 예로, 교사가 학생을 가르칠 때 〈기본적으로 이것은 알겠지〉라는 가정하에 가르치는 것은 대단히 위험하다. 요즘에는 초등학교에 입학하기 전 한글도 모두 익힌다. 심지어 영어까지 훌륭하게 구사하는 아이들이 많다. 그 결과 많은 교사들이 〈기본적으로 한글은 다 알고 왔겠지〉라는 가정하에 한글 수업을 소홀히 한다. 당연하게도 한글을 모르는 아이들은 처음 초등학교에 입학하자마자 큰 낭패를 볼 수밖에 없다.

나는 대학원에서 석사 과정에 있는 성인 학생들을 가르친다. 물론 학사 과정에서 기본적으로 전공을 거쳤기 때문에 뷰티 분야의 기초 지식은 있을 것이라는 가정하에 수업을 진행했다. 그러나 그것은 나의 착각이었다. 학부에서 다른 분야를 전공한 학생은 전혀 수업 내용을 이해할 수 없었다고 토로했다. 그 학생은 학기말 수업 평가에서 〈난이도 조절 실패〉라는 처참한 평가표를 내게 안겼다.

우리는 고객에게 질문할 때 마치 고객이 이미 그 내용에 대해 알고 있는 것처럼 생각하고 질문한다. 한 디자이너의 예를 들어 보겠다. 2개월 전 샴푸를 구매해 갔던 고객이 방문했다. 디자이너는 〈지난번 구입하신 샴푸 어떠셨어요?〉라고 질문한다. 이때 고객은 어떻게 대답을 해야 할지 생각한다. 질문의 범위가 너무 커서 어떤 대답을 할지 고민스럽다. 〈음……. 아직은 잘 모르겠어요〉라고 대답한다면 당신은 어떻게 대화를 이끌어 갈 것인가? 〈계속 써보세요〉라고 할 텐가?

고객은 미용 분야 비전문가이다. 전문가인 나도 위와 같이 물어본다면 무슨 대답을 할지 고민스럽다. 〈뭐가 어떠냐는 것인지〉 질문의 의도를 파악할 수가 없다. 막연하게 대답할 수 있는 질문을 하면 다음 질문으로 연결시키기 어렵다. 질문의 범위를 줄여 보자. 구체적으로 선택지를 만들어 주면 고객이 대답하기 훨씬 편해진다.

먼저, 사용했는지 안 했는지부터 알아야 하지 않겠는가? 그렇다면 사용 여부를 확인하는 것이 우선일 것이다. 사용하고 있다는 것을 알았다면 〈확실히 좋아졌다〉라는 것을 질문하지 말고 긍정의 말로 표현하라. 지난번 고객의 판단이 틀리지 않았음을 한 번 더 각인시켜 주는 것이 좋다. 그 선택에 대하여 지지하고 응원하라! 고객은 자신의 선택을 후회하지 않을 것이다. 이러한 효과는 재구매로 이어질 확률이 높다.

선택지를 구체적으로 제시하라

많은 고객들이 펌을 할 때 부담스러운 가격 때문에 망설인다. 적게는 몇 만 원부터 많게는 몇십 만 원까지 차이가 나는 펌의 가격을 두고 고민하지 않을 수 없다. 이때 어떤 것을 선택하게 하는가는 순전히 담당 디자이너의 몫이다. 이때 펌의 가격이 고가인 것부터 먼저 제시한다. 고객이 망설일 때, 그보다 저가의 펌을 제안하는 것이 훨씬 효과적이다. 처음부터 저가를 제시하고 이어 고가의 펌을 제시했을 경우 저항력이 훨씬 크다. 이는 소비자 심리학에서 많이 다루는 〈면전에서 문 닫기 기법〉에서 알 수 있다. 이 기법은 상대가 받아들이기 어려운 부탁을 먼저하고, 거절한다면 보다 부담이 적은 부탁을 하여 상대로 하여금 받아들이게 유도하는 기술이다.

대학생인 자녀가 엄마에게 용돈을 달라고 할 때를 예로 들어 보자.

자녀 엄마, 저 30만 원만 주세요.

엄마 30만 원씩이나? 없어!

자녀 그렇죠? 하긴 그래. 그럼 10만 원만요!

이 경우 엄마는 자녀에게 30만 원은 못 주지만 10만 원은 줄 수 있다. 고객도 마찬가지이다. 당신이 권하고 싶었던 펌이 20만 원 정도라면 처음부터 20만 원을 제시하지 말라. 고객에게 A와 B라는 선택지를 줘라. 이때 A는 고가, B는 A보다는 낮은 가격의 시술을 제시하는 것이 중요하다. 여기서 B의 가격은 원래 당신이 권하려 했던 것이다. 물론 가격의 차이에 대해서 충분히 설명해야 한다. 고객이 B를 선택한다면 원래 당신이 권하고 싶었던 것이기 때문에 좋고, 고객도 심적으로 부담이 덜함을 느낄 것이다.

> ### 세 가지 실천 팁
>
> 첫째, 적절한 질문으로 이야깃거리를 이어가라.
>
> 둘째, 〈내가 알면 상대방도 알겠지〉라는 생각은 큰 착각이다.
>
> 셋째, 고객은 전문가가 아니다. 선택지를 구체적으로 제시하라.

고객의 마음을 읽어 내는 고급 기술

긴 머리를 짧게 자르고 싶은 고객의 마음을 헤아려 본 적이 있는가? 짧게 자르고 싶은 것이 단순히 물리적으로 짧아지고 싶은 것인지 아니면 어떤 심경의 변화가 있는 것인지, 고객의 마음을 들여다보려는 노력을 해보자. 항상 〈왜 그렇죠?〉라고 질문하라. 그래야 고객은 자신의 마음에 대해 말을 한다. 고객이 질문할 때는 그 의도를 파악하는 것도 중요하다. 고객이 진정 원하는 것이 무엇인지 알 수 있어야 최상의 서비스를 제공할 수 있다.

〈왜?〉라고 질문하라

헤어 디자이너에게 꼭 필요한 습관 중 하나는 항상 〈왜?〉라고 물어보는 것이다. 〈왜?〉라고 하지 않는 이상 당신은 고객의 의도를 충분히 파악할 수 없다. 고객은 처음부터 솔직하게 자신의 생각을 표현하지 않는다. 사실 우리나라 사람들은 대부분 자신의 감정을 솔직하게 표현하는 데 서툴다. 어렸을 때부터 〈사양할 줄 아는 겸손의 미덕〉을 교육받고 자랐기 때문이다. 자기의 감정을 솔직하게 드러내는 것은 버릇없고 당돌한 행동이라고 여기는 문화 탓이다.

심지어 부모와 자식, 부부 간에도 서로의 속마음을 솔직하게 얘기하지 않는다. 〈말하지 않아도 알겠지~〉라는 생각을 하고 있기 때문이다. 말하지 않는데 어떻게 알겠는가! 상대방이 내 감정을 읽고 알아서 해준다는 생각은 하지 말아야 한다. 아무리 가까운 사이라고 하더라도 상대방이 말하지 않으면 무슨 생각을 하고 있는지 모른다. 자기의 생각이나 원하는 것이 있으면 정확히 콕 짚어서 말해야 한다. 나중에 그것이 아니라고 화내지 말고. 하물며 고객은 어떠한가. 같이 사는 가족도 아닌데 고객의 생각이나 마음을 알기란 더욱 어렵다. 그렇기 때문에 고객이 하는 말에 〈왜〉라는 생각을 항상 해야 한다.

한참 동안 머리를 길렀던 고객이 어느 날 〈짧게 자르고 싶다〉라고 한다. 당신은 어떻게 할 텐가? 지금 트렌드가 그러하니 그냥 커트해 주면 될까? 보통 고객이 머리를 짧게 자르고 싶다고 하면 대부분의 디자이너들은 다음과 같이 말한다.

고객 머리를 짧게 자르고 싶어요.

디자이너 짧게요? 어느 정도 짧은 것을 말씀하시는 건가요?

고객 그냥 좀 산뜻하게 보이고 싶어서요. 귀찮기도 하고…….

디자이너 짧다는 것이 개인차가 있어서요. 정확하게 길이를 말씀해 주세요. 한번 자르면 되돌리기가 어렵습니다.

고객 음~ 단발 정도로 하고 싶어요.

디자이너 턱선 위로 커트해 드릴까요? 아니면 아래로 커트해 드릴까요?

고객 글쎄요. 길이까지는 생각해 보지 않아서…….

디자이너 그럼, 우리 사진을 보고 한번 골라 볼까요?

위와 같은 대화를 들었을 때 당신은 어떤 생각이 드는지. 〈대화가 문제 있나요?〉라고 질문하고 싶다면 당신은 단순히 기능인인 미용사인 것이다. 위의 디자이너는 머리 길이에 대해서만 말하고 있다. 나는 앞에서 〈업의 본질〉에 대해 얘기했다. 〈업의 본질〉을 〈고객 만족〉에 두는 사람은 고객이 〈오랫동안 길렀던 머리를 짧게 자르고 싶은 이유〉가 궁금할 것이다. 단순히 머리 길이만 가지고 대화를 하는 것이 아니라 〈왜〉라는 질문을 통해 고객의 심리 상태를 먼저 이해하려고 할 것이다. 디자이너는 고객이 머리를 짧게 자르고 싶은 이유를 물어보는 것이 먼저이다.

디자이너 고객님~ 머리를 짧게 자르고 싶은 다른 이유가 혹시 있으신가요?

고객 머리가 너무 길어서 아이케어 할 때도 귀찮고, 샴푸 하고 말릴 때도 잘 안 마르고 오래 걸려서 힘들어요.

디자이너 아~ 그러시구나. 아이가 많이 어린가 봐요.

고객 네. 이제 백일 조금 지났어요.

디자이너 네~ 많이 힘드시겠네요. 아이 키우는 것이 제일 어렵다고 하던데요.

고객 네. 그러네요. 저도 처음이라서 이렇게 어려운 줄 몰랐어요.

디자이너 그러시구나! 진짜 힘드시겠어요. 아무나 하는 일은 아니죠. 엄마라서 가능한 일입니다.

(중략)

디자이너 (사진을 보여 주며) 이런 디자인으로 하는 것은 어떠세요? 길이를 조금만 줄이고 웨이브를 주면 부피감이 생겨서 머리도 빨리 잘 마르고 손질도 훨씬 편하실 거예요. 너무 짧게 자르면 손질하기가 더 어려울 수 있습니다.

고객 아! 그래요? 그럼, 그러는 게 좋겠어요.

위의 대화에서 디자이너는 〈머리를 짧게 자르고자 하는 이유〉를 물어보는 것으로 고객의 마음에 공감해 주었다. 그리고 고객의 현재 상태에서 할 수 있는 스타일을 제안하면서 자연스럽게 컷과 펌을 하도록 유도했다. 이는 단순히 매출을 올리려는 이유에서가 아니라 진심으로 고객의 불편함을 해소하기 위한 제안이었다. 그것을 고객은 알았고 디자이너의 제안을 거부감 없이 받아들인 것이다.

실제로 고객은 긴 머리를 짧게 자르는 것이 주된 목적이 아니었다. 아이를 돌봐야 하기 때문에 그 상황이 불편하고 힘들었던 것이다. 디자이너는 이 고객의 마음을 〈왜〉라는 질문을 통해 이해하고 공감했기 때문에 보다 나은 제안을 할 수 있었다. 고객은 디자이너의 말을 신뢰하게 되었고 제안을 받아들인 것이다. 이 고객은 다음 방문할 때 해당 디자이너를 지명할 확률이 훨씬 높다. 자신과 말이 잘 통한다고 생각했기 때문이다.

질문의 의도를 파악하기

고객이 질문할 때는 의도를 잘 파악해야 한다. 단순 질문인지 아니면 듣고 싶은 대답이 따로 있는 것인지 알아야 한다. 그렇다고 질문하는 고객에게 〈질문의 의도가 무엇인가요?〉라고 물을 수는 없는 노릇이다.

여기 고객들이 속마음을 에둘러 표현하는 몇 가지 말들이 있다.

「미용 가격이 너무 비싸요.」헤어숍에 들어선 고객이 대뜸 이렇게 말했다고 해보자. 이 말은 어떤 의미를 내포하고 있을까? 정말 가격을 깎아 달라는 얘기일까? 그렇지 않다. 이미 당신의 헤어숍 수가를 알고 방문했기 때문에 〈특별히 신경을 더 써달라〉는 의미로 받아들여야 한다. 모든 고객은 전 직원이 자신에게만 특별히 더 관심을 가져 주길 바란다. 〈나만 신경 써주세요~〉라고 단도직입적으로 말하면 좋을 텐데 그렇지 않다. 왜? 앞서 말했듯이 우리는 감정 표현을 직접적으로 하는 교육을 받지 못했기 때문이다.

이때 디자이너가 〈고객님~ 저희는 최상급의 약품을 사용하고 있어요. 여느 동네 헤어숍하고는 다릅니다〉라고 한다면 어떨까? 고객은 〈아~ 그렇구나〉라고 수긍할까? 절대 그렇지 않다. 오히려 기분이 언짢을 수 있다. 이럴 때는 고객의 말을 〈쿨〉하게 인정하고 다음과 같이 말하는 것이 훨씬 효과적이다.

「고객님~ 가격이 좀 부담스럽긴 하죠? 더 저렴하게 해드리지 못해 죄송합니다. 제가 최선을 다해서 좋은 결과가 나올 수 있도록 시술해 드리겠습니다. 저를 믿고 맡겨 주세요.」

고객은 이미 가격이 어느 정도일지 예상하고 방문했다. 터무니없는 가격이 아니라면 금액을 지불할 마음의 준비를 하고 온 것이다. 이때는 〈내가 당신만 특별히 신경을 쓰겠다〉라는 뉘앙스만 잘 전달해 주어도 충분하다. 같은 상품을 구매하더라도 비싼 곳을 가는 데는 이유가 분명하다. 그 상품만 구매하는 것이 아니라 가치도 함께 구매하는 것이기 때문이다. 이런 심리는 우리가 레스토랑을 방문해도 똑같이 작용한다. 고급 레스토랑에 갔을 때, 서빙을 하는 직원에게 팁을 주는 것은 어떤 의미일까? 음식값을 덜 내고 싶어서인가? 그렇지 않다. 좀 더 우리 테이블에 신경을 써달라는 의미이다. 고객의 마음을 정확히 읽는 것도 중요한 기술이다.

절대 고객을 방치하지 말라

고객이 원하는 것은 자신에게 좀 더 관심을 가져 달라는 것이다. 아무리 실력이 뛰어나도 자신을 그림자 취급하면 용서가 안 된다. 방치하는 순간 고객은 〈내 존재를 잊었나?〉 하는 생각이 든다. 항상 고객의 주위를 살피고 불편한 점은 없는지

질문하라. 고객이 먼저 불편함을 얘기하는 경우는 드물다. 잠깐만 참으면 된다는 생각에 디자이너가 먼저 물어보지 않는이상 대부분 말없이 참는다.

요즘은 많은 사람들이 펌을 할 때 열 기구를 이용한 열펌을많이 한다. 일반 콜드펌을 하는 경우는 짧은 머리를 제외하면거의 없다. 열펌은 시간도 오래 걸릴 뿐만 아니라 꼼짝없이 앉아 있어야 한다. 고객 입장에서는 여간 곤혹스러운 일이 아닐수 없다. 언젠가 우리 매장에서 있었던 일이다. 디자이너가 고객의 머리카락을 와인딩(winding, 파마를 할 때 모발을 막대에말아주는 과정)하여 기계에 연결하고 열을 올려놓은 뒤 눈앞에서 사라진 것이다. 다른 직원들과 카운터에서 잡담을 하고 있는 게 아닌가! 고객은 높은 열 때문에 뜨겁다며 〈저기요~〉를몇 번이고 외쳤다. 고객이 하마터면 두피에 화상을 입을 뻔했던 사건이었다.

열펌은 고온으로 펌을 하는 과정에서 모발에 남아 있는 수분이 뜨거워지다가 증발하면서 웨이브가 형성된다. 실제 온도보다 두피의 체감 온도는 훨씬 높을 수 있다. 고객은 움직일 수도 없을뿐더러 상황을 통제할 능력이 없다. 담당 디자이너는열이 끝날 때까지 옆에서 체크하면서 지켜보아야 한다. 이것은 서비스 차원이 아니라 꼭 해야 하는 일이다. 조금만 생각하면 절대 고객 옆을 떠나서는 안 된다는 것을 알 수 있다. 해당디자이너는 아무 생각 없이 열을 올려놓고 사라진 것이다.

열펌 시에는 누군가가 계속 옆에서 불편함을 체크하고 손이 되어 주어야 한다. 먼저 담당 디자이너는 고객에게 뜨거운 곳은 없는지, 불편한 부분은 없는지 체크하고 물어야 한다. 그래야 고객은 안심하고 편안하게 머리를 맡길 수 있다. 고객의 입장에서도 헤어숍에 방문하여 3시간 이상을 머무르는 것이 쉬운 일은 아니다. 그 시간을 어떻게 보내느냐에 따라 즐거운 시간이 될 수도 있고, 곤혹스러운 시간이 될 수도 있다. 당신은 고객을 편안하고 행복하게 해주는 사람이어야 한다. 고객에게 곤혹스러운 시간을 제공했다면 고객을 맞을 자격이 없다. 절대 고객을 방치하지 말기 바란다.

세 가지 실천 팁

첫째, 고객의 속마음을 알고 싶다면 〈왜〉라고 질문하라.

둘째, 질문의 의도를 잘 파악하는 것도 기술이다.

셋째, 절대 고객을 방치하지 말라.

과정이 중요한 여성, 결과가 중요한 남성

여성과 남성의 차이는 외적으로 보이는 신체 구조만이 아니다. 생각하는 방식 또한 다르기 때문에 똑같은 콘셉트로 접근하면 안 된다. 이성보다 감성이 앞서는 여성과 감성보다 이성이 앞서는 남자의 차이를 안다면 남녀가 서로 싸울 일도 서운할 일도 없을 것이다. 무엇보다 비즈니스의 성패를 좌우하는 열쇠로 작용할 수도 있다. 기본적으로 성별에 따른 생각 방식의 차이를 이해하는 것이 남성과 여성 모두에게 사랑받는 디자이너가 될 수 있는 길이다.

여성과 남성은 생각하는 방식이 다르다

인간은 누구나 이성과 감성이 공존한다. 다만 대체로 여자는 이성보다는 감성의 크기가 더 크고 남자는 감성보다 이성의 크기가 더 클 뿐이다. 그렇기 때문에 여자는 아무리 결과가 훌륭하더라도 과정이 훌륭하지 않으면 그 결과를 인정할 수 없다. 과정도 결과의 한 부분이라고 생각하기 때문이다. 설령 좋지 않은 결과가 나오더라도 과정이 훌륭했다면 높이 평가하는 경향이 있다. 남성은 다르다. 결과가 훌륭하면 과정이야 어땠든 상관없다는 관점이다.

욕쟁이 할머니가 운영하는 식당에 대한 얘기는 대부분 알 것이다. 지방 사투리를 사용하는 할머니가 운영하는 식당이었는데 할머니의 음식 솜씨가 좋아서 입소문이 난 것이다. 그러나 그 식당은 남자들에게 종종 방문할 만한 곳인 반면 여자들에게 한 번 가면 또다시 가고 싶지 않은 곳이라고 한다. 음식의 맛과는 별개로 할머니의 욕을 듣는 과정에서 기분이 나빠졌기 때문이다. 맛은 생각나지 않고 할머니 욕만 생각나는 것이다. 남자들은 달랐다. 과정이야 어찌되었든 결과만 좋으면 된다고 생각하기 때문에 할머니의 욕쯤은 재미로 넘길 수 있는 것이다.

쇼핑을 할 때도 여성과 남성은 다른 쇼핑 형태를 보인다. 여성은 쇼핑의 과정을 즐기기 때문에 반드시 살 목적이 아니어도 각 매장마다 둘러보곤 한다. 남성의 경우에는 사려고 했던 물건이 있는 매장에만 들러 목적을 달성하고 나면 쇼핑이 끝난다. 부부가 같이 쇼핑하러 가서 싸우고 오는 경우는 서로의 방식을 이해하지 못하는 데서 오는 괴리감 때문이다. 여자 입장에서는 매장 밖에서 멀뚱히 서서 못마땅한 표정을 짓고 있는 남자에게 눈치가 보이고, 남자 입장에서는 사지도 않을 물건들을 이리저리 살펴보는 여자가 못마땅한 것이다.

여성과 남성은 문제 해결 방식이 다르다

일본 카운슬링 전문가 하시모토 마나부(橋本 学)에 따르면, 남자는 〈해결하고 싶은 뇌〉 여자는 〈공감받고 싶은 뇌〉를 가지고 있다고 했다. 남성은 스트레스를 받거나 어떤 문제에 직면했을 때 조용히 그 문제의 해결 방식에 대하여 생각한다. 이때 자기만의 공간에 들어가서 문제에 대한 해결책이 생각날 때까지 나오지 않는다. 또는 자기도전적인 격한 운동을 하기도 한다. 그러면서 문제의 해결책이 생각나면 스스로 생각하기를 멈추고 다시 세상으로 나온다. 어쩌다 직면한 문제에 대해 누군가에게 얘기한다는 것은 좋은 해결책을 제시해 주기를 바라는 마음에서다.

여성의 경우는 정반대이다. 밖으로 나가 자기와 말이 통할 것 같은 누군가를 찾는다. 해결해야 할 문제에 대하여 이야기를 나누고 싶어 한다. 혼자서는 문제를 해결할 수 없을 것 같은 생각이 들면서 자신의 힘듦을 누군가가 알아주기 바라기 때문이다. 그러면서 자신의 이야기를 들어 준 것에 대해 감사함을 느끼고 그 사람을 꽤나 괜찮은 사람으로 생각한다. 스트레스를 받았을 때도 마찬가지이다. 자신이 받은 스트레스의 원인과 처한 상황에 대하여 한참 얘기하고 나면 한결 기분이 좋아진다. 이때 누군가가 공감만 해주면 된다. 특별히 어떤 해결책을 제시해 주거나 조언할 필요는 없다. 조언을 바라고 얘기한 것이 아니라 그냥 알아주기를 바랐을 뿐이니까.

이처럼 똑같은 문제에 직면하거나 스트레스 상황에 노출이 되었을 때 남성과 여성의 대처 방식이 완전히 다르다. 그럼에도 헤어 디자이너들은 모든 고객을 자신의 성(性)과 같게 취급한다. 남자는 〈해결하고 싶은 뇌〉를 가지고 있어서 문제를 해결하는 것 외에 다른 말은 필요 없다. 빨리 문제를 푸는 것이 구구절절 설명하는 것보다 현명하다는 판단이다. 여자는 〈공감받고 싶은 뇌〉를 가지고 있어서 문제 해결은 공감을 얻은 후에 이루어져야 한다는 관점이다. 공감받지 못한 상태에서 문제 해결에 들어갈 경우 자신이 무시당했다고 생각한다.

여성과 남성은 서로 다른 정서적 욕구를 가지고 있다

여성과 남성은 모두 관계 속에서 서로를 이해하려고 노력한다. 서로 상대방이 좋아하는 것을 해주기도 한다. 그렇지만 서로 상대방이 너무 이기적이어서 자신이 아무리 베풀어도 돌아오는 것이 없다는 생각이 들기도 한다. 그러나 여성은 자신의 입장에서 생각하고 남성 또한 자신의 입장에서 생각하는 것이 문제일 뿐 이기적인 것은 아니다. 상대방의 입장에서 생각해 보아도 도무지 알 수 없는 여성의 세계와 남성의 세계를 이해할 수는 없을까?

남성은 문제가 생겼을 때 누군가에게 조언을 구하는 것은 불필요하며 자신이 충분히 해결할 수 있을 것이라는 관점으로 접근한다. 그냥 믿고 지켜봐 주는 것으로 자신은 신뢰받고 있다고 생각한다. 남성이 바라는 것은 믿음, 격려, 신뢰 등이며, 생각할 수 있는 시간을 그냥 주면 된다. 그래서 여성이 같은 상황에 처했을 때 자신과 똑같은 방법으로 여성을 내버려 두는 경향이 있다. 이런 경우 여성은 무시당했다고 생각하는 것이다.

여성은 문제에 대하여 이야기하고 싶어 한다. 자신이 처한 상황이나 받는 스트레스에 대해 이야기하는 것으로 풀고 싶어 하는 것이다. 그래서 상대에게 끊임없이 이야기한다. 이런 말을 남성은 그저 잡담이나 수다쯤으로 듣는다. 또는 어설프게 충고나 조언을 해주려고 한다. 여성이 바라는 것은 관심, 공감, 이해 등이며, 꼭 어떤 조언을 바라는 것은 아니다. 공감받지 못한 상태에서 조언을 들으면 오히려 기분이 언짢다. 상대가 자신을 무시하고 그 상황을 빨리 끝내고 싶어 한다고 느끼기 때문이다. 그래서 남성이 같은 상황에 처했을 때 자신과 똑같은 방법으로 남성을 가만히 두지 않고 계속 질문한다. 이런 경우 남성은 피곤하다고 생각하는 것이다.

이처럼 남성과 여성은 상반되는 정서적 욕구를 가지고 있다. 그렇기 때문에 디자이너는 이러한 특징을 잘 알고 적절히 대응할 줄 알아야 한다. 예를 들어, 처음 방문한 고객이 헤어스타일을 어떻게 해야 할지 고민이라며 상담을 통해 결정하고 싶어 한다. 당신은 어떻게 해야 할까? 고객이 남성이라면, 디자이너인 자신을 믿고 맡겨 주면 깔끔하고 멋진 헤어스타일로 연출해 줄 것이라는 확신을 주면 된다. 구구절절 어떻게 스타일을 만들 것인지 설명할 필요는 없다. 간단히 스타일북으로 의견만 조율하면 된다.

고객이 여성이라면 하고 싶은 스타일을 같이 찾아보는 것과 함께 자세한 설명, 해당 스타일의 장점과 단점, 왜 이 스타일을 하고자 하는지, 평소의 손질 습관 등, 어떻게 해당 스타일을 만들 것인지 자세하게 설명한 후 동의를 얻고 시술에 들어가야 한다. 무작정 믿고 맡겨 달라는 말은 여성 고객에게는 통하지 않는다. 아무리 완벽하게 시술 결과가 나왔다고 하더라도 공감받지 못한 상태에서의 시술은 여성 고객의 기분을 상하게 할 수 있다.

여성은 자신의 말에 귀를 기울여 주는 사람, 자신의 말에 동조해 주는 사람에게 호감을 갖는다. 여성 고객이 많은 헤어숍에서 디자이너는 고객의 이야기에 귀를 기울여야 한다. 인내심은 디자이너의 필수 조건이라고 할 만큼 중요한 덕목 중 하나이다. 동성의 디자이너와 고객은 소통하는 부분이 정서적으로 잘 맞을 수 있기 때문에 큰 어려움은 없다. 반면 당신이 이성 고객을 접하고 있다면 당신의 입장에서 대화를 주고받기보다는 상대방의 입장을 먼저 생각해야 한다.

하지만 뇌 이론을 적용할 때는 세심히 살펴야 한다. 여성 고객 중 다수가 〈공감받고 싶은 뇌〉 성향을 보이지만, 개중에는 〈문제 해결형〉도 분명히 있다. 어떠한 상황에서 〈남자는 이렇고 여자는 이렇다〉라고 단정해서 표현할 수 없다. 모든 사람이 〈공감받고 싶은 뇌〉와 〈해결하고 싶은 뇌〉 둘 다를 가지고 있다. 즉 상황에 따라 사람의 성향에 따라 달라질 수 있다는 것을 알아야 한다. 따라서 고객의 직업이나 유형 등을 잘 파악하여 적절히 대응하는 유연성이 필요하다.

세 가지 실천 팁

첫째, 여성은 과정을 중시하고 남성은 결과를 중시한다.

둘째, 남성은 지켜봐 주는 것이 필요하고, 여성에게는 말을
들어 주는 인내가 필요하다.

셋째, 여성과 남성은 서로 다른 정서적 욕구를 가지고 있기
때문에 이러한 특징을 잘 알고 대처해야 한다.

A고객과 대화한 내용을 B고객에게 옮기지 말라

매장에서 고객과 나눈 대화는 밖으로 새어 나가는 일이 없어
야 한다. 생각 없이 전달한 말이 당사자에게 큰 상처가 될 수
있을뿐더러, 디자이너 자신에게 화살이 되어 돌아올 수 있
다. 나는 입이 가벼운 디자이너가 말을 함부로 옮겨서 곤혹
스러운 상황에 처하는 것을 종종 목격했다. 그 주인공이 당
신이 되지 않길 바란다. 항상 입조심을 해야 뒤탈이 없다. 입
은 조심한다고 해도 자기도 모르는 사이에 쓸데없는 말이 튀
어나온다. 명심하고 또 명심하자.

발 없는 말이 천 리를 간다

〈발 없는 말이 천리를 간다〉라는 말이 있다. 말이란 순식간
에 멀리 퍼지니 조심하란 뜻이다. 내가 지금 한 말이 언제 어느
때 누구를 통해서 상대방에게 전달될지 모르는 일이다. 우연
히 남에게 들은 이야기는 그 자리에서 잊어라. 한 귀로 듣고 한
귀로 흘려버리라는 얘기는 이럴 때 쓰는 말이다. 매장 안에서

고객과 나눈 대화는 그 자리에서 잊어야 한다. 다른 고객과의 대화에서 화제로 삼는 것은 〈미친 짓〉이다. 특히 그 말이 그 사람의 약점이 될 만한 것은 더욱 그러하다. 말은 살아 숨 쉬는 생명체와도 같다. 말 속에는 뼈가 있고 그 말에 살이 붙어 돌아다니게 되면 어느 순간 본질과는 다른 것이 되어 있다.

헤어숍은 많은 사람들이 오가며 자신의 속 애기를 하는 곳이기도 하다. 남편 이야기, 시부모 이야기, 시누이 이야기, 학교의 학부모나 선생님 이야기 등을 하기도 한다. 이런 이야기는 그냥 넋두리 정도로만 받아들이면 된다. 지금 접객하는 B고객의 이야기에 동조한답시고 다른 A고객의 사례를 가십거리 삼았다가 큰 봉변을 당할 수도 있다. 지금의 그 B고객이 A고객의 시누이일 수도 있지 않은가! 불특정 다수를 상대하는 헤어숍에서 고객과 나눈 이야기를 다른 사람에게 옮기는 디자이너가 좋은 평가를 받고 잘 다니는 경우를 본 적이 없다.

한 헤어 디자이너는 다른 고객의 사례를 자기 고객에게 말했다가 큰 곤혹을 치른 적이 있었다. 물론 의도적으로 험담하려고 한 것은 아니었다. 우연히 들은 애기를 헤어 시술을 하면서 고객에게 가십거리 삼아 얘기한 것이다. 맞은편에 앉아 있던 고객이 그 이야기의 주인공이라는 사실은 상상도 못했을 것이다. 해당 고객은 불같이 화를 내며 문제를 제기했다. 디자이너는 백배사죄를 하고 앞으로는 이런 일이 없을 거라며 고객에게 약속했다. 고객은 사과를 받아들이고 그 정도에서 마무리했지만 다시는 그 헤어숍에 발걸음을 하지 않았다.

자신도 모르는 사이에 다른 사람이 내 이야기를 한다고 생각해 보라! 그 이야깃거리가 좋은 것이라고 할지라도 가십거리가 된다면 기분이 썩 좋지는 않을 것이다. 하물며, 험담이나 약점과 같은 것이라면 더욱 그렇다. 싸움이 날 것이다. 사람은 자신이 한 말에 대하여 책임을 져야 한다. 따라서 말을 함부로 하면 안 된다. 말에는 생명이 있고, 발이 있고, 신뢰가 있으며, 가시가 있다. 말 한마디 잘못해서 상대방에게 상처를 주는 일이 없도록 하자! 타인의 사생활을 함부로 말했다가 평생 후회할 일을 만들지 말자! 서비스업에 종사하는 당신은 더욱 말을 조심해야 한다.

무심코 한 말에 상대방은 상처를 입는다

내가 무심코 한 말에 상대가 상처를 입을 수 있다는 것을 아는가? 이런 질문을 하면 대부분은 잘 알고 있다고 말한다. 그리고 자기는 그렇게 하지 않는다고 한다. 물론 대부분의 사람들이 의도적으로 상대에게 상처를 주려고 말하지는 않는다. 자기도 모르는 사이에 그런 말을 하는 것이다. 상처 주는 말은 듣는 사람의 주관적인 판단이기도 하다. 내가 이런 얘기를 하면 디자이너들은 반발한다. 〈듣는 사람의 주관적인 판단까지 어떻게 컨트롤 하나요?〉 그렇다. 듣는 사람의 주관적인 판단까지 통제할 수는 없다. 하지만 상대방에게 관심을 가지고 관찰하면 실수로 상처 주는 말은 하지 않을 수 있다.

내 딸이 대학교에 원서를 쓸 때의 일이다. 수도권에 합격하지 못하면 지방대라도 가겠다는 말에 내가 버럭 화를 내면서 이렇게 말했다.

「지방대는 절대 안 돼!」

지방대를 무시해서, 지방대이기 때문에 안 된다고 말한 것이 전혀 아니다. 내 말의 본뜻은 지방대를 가게 되면 여러 가지 집안 여건상 받아들이기 어렵다는 의미였다. 그러나 얼마 뒤 아랫동서가 이 얘기를 들었을 때 불쾌해했다는 말을 들었다. 나는 잠시 생각했다. 〈당사자인 내 딸이 불쾌했다면 이해할 텐데 왜 동서가?〉 이유인즉, 동서 역시 지방대 출신이기 때문이라고 했다. 참고로 나의 동서는 의사이다. 지방대 의대를 졸업하고 지금은 산부인과 원장으로 병원에서 존경받는 의사이다. 그런 사람도 나의 그 한마디에 불쾌할 수 있다는 것을 미처 깨닫지 못했다.

솔직히 나는 동서에 대해 관심을 가지고 관찰한 적이 없었다. 내가 그 말을 동서에게 직접적으로 한 말은 아니었지만, 상대방이 〈자기 들으라고 하는 말인가?〉라는 생각이 들었다면 내 의도와는 무관하게 그것 또한 말한 사람 잘못이다. 내가 너무 단호하게 말하지 않고 이렇게 말했다면 어땠을까?

「지방대는 여러 여건상 보내기가 어려워.」

위와 같이 조금 더 완곡한 표현을 썼다면 옆에서 듣던 동서가 그런 오해는 하지 않았을 텐데 말이다. 지금 생각하니 새삼 미안해진다. 같은 뜻이라도 어떻게 표현하느냐에 따라 받아들이는 태도가 달라진다. 나 역시 반성하고 고치고 있는 부분이다.

한 번에 두 명 칭찬하기

헤어숍에서 많은 고객을 접하다 보면 여러 경험을 듣게 된다. 물론 흉보다는 남을 칭찬하는 얘기를 더 많이 듣는다. 그런데 신기하게도 우리의 귀는 좋은 말보다 나쁜 말을 더 잘 기억하고, 어쩌다 옮기는 그 말이 화살이 되어 돌아온다. 나쁜 말은 그 자리에서 잊고 좋은 말은 기억해 두자! 그리고 추후 필요할 때 관련된 제3자의 말을 인용해 전달해 보자! 당신에게 놀라운 결과가 돌아올 것이다.

가족 모두가 단골인 경우가 있다. 항상 시어머니와 며느리가 같이 방문하는데 어느 날은 시어머니 혼자 펌을 하러 방문했다. 담당 디자이너는 고객과 이런저런 얘기를 하다가 갑자기 다음과 같은 말을 했다.

「며느님이 그러는데 ○○고객님의 음식 솜씨가 그렇게 좋다면서요? 어머니 덕분에 항상 맛있는 음식 먹어서 너무 행복하다고 그러더라고요. 제가 며느리였으면 좋겠어요.」

디자이너로부터 위와 같은 말을 들었을 때 이 고객은 기분이 무척 좋았을 것이다. 보통의 어머니들은 자식이 먹는 음식을 기쁜 마음으로 해준다. 또 맛있게 먹는 모습을 보면 더욱 기분이 좋아지고 〈엄마가 해주는 음식이 제일 맛있어〉라는 말 한마디에 괜스레 기분이 좋아져 더 해주고 싶은 생각이 들기 마련이다. 이런 말을 전해 들은 시어머니는 〈며느리가 한 말이 빈말이 아니고 진짜〉라는 생각에 기분이 좋아졌을 것이다. 더불어 담당 디자이너에게 좋은 감정과 신뢰감마저 들었을 것이다.

그렇게 펌을 하고 가신 후 1주일 뒤에 그 시어머니는 다시 헤어숍을 방문했다. 〈자신이 집에서 만든 것이니 맛 좀 보라〉며 〈약식〉을 만들어 오셨다. 〈우리는 집에서 이렇게 가끔 만들어 먹어요. 같이 나누어 먹으려고 조금 더 했으니 맛 좀 봐요〉라고 하시면서 주고 가는 것이 아니겠는가! 별것 아닌 얘기였지만 〈어머니 덕분에〉라는 며느리의 말을 디자이너로부터 들은 것에 대해 기분이 좋았다고 했다.

물론 상대방을 잘 알고 해야 하는 〈칭찬의 기술〉이다. 어설프게 했다간 오히려 역효과를 불러일으킬 수 있으니 평소에 충분히 연습하길 바란다. 당장 적용이 어렵다면 〈덕분에〉라는 표현을 써보자. 〈누구 때문에〉가 아니라 〈누구 덕분에〉라는 말은 칭찬의 의미로 받아들여진다. 〈당신 덕분에 내가 좋아요〉 혹은 〈당신 덕분에 내가 이렇게 됐네요〉라고 표현해 보자. 당신에게 더 좋은 일이 생길 것이다.

세 가지 실천 팁

첫째, A고객과의 대화 내용을 절대 B고객에게 옮기지 말라.

둘째, 같은 의미라도 좀 더 부드러운 표현을 쓰도록 노력하자.

셋째, 장점을 말할 때는 제3자의 말을 인용하자.

헤어 디자이너는 외모도 경쟁력이다

당신이 전문가라는 것을 말이 아니라 외모에서부터 느끼게
하라. 완벽하게 세팅된 당신에게 전문가의 포스가 느껴진다.
항상 웃는 모습으로 고객을 대면할 것을 권한다. 표정이 좋
은 사람이 성공한다. 모든 근심 걱정은 집에 두고 오자. 일할
때는 일만 생각하는 것이 프로페셔널이다. 건강한 몸에 건강
한 정신이 깃든다고 했다. 항상 당신의 몸을 보살피고 관리
하라. 푹 퍼진 동네 아저씨, 아줌마 같은 외모로 누굴 아름답
게 할 수 있단 말인가? 관리하고 가꿔라.

완벽하게 세팅된 당신에게 전문가의 포스가 느껴진다

항상 외모와 자신만의 분위기를 전략적으로 관리해야 한다.
첫인상에서 가장 강렬하게 남는 것이 외모이다. 학자들마다
약간의 차이는 있다. 미국의 펜실베이니아 대학교 심리학과
잉그리드 올슨Ingrid Olson 교수는 0.13초 만에 호감형과 비
호감형이 결정된다고 했고, 일본의 생물학자 사와구지 노시유

키(澤口 俊之) 박사는 0.5초 만에 첫인상이 결정된다고 했다. 일반적으로 심리학에서 주로 다루는 첫인상에 관한 연구에서는 3~4초 안에 결정된다고 한다. 첫인상을 결정짓는 외모는 가장 강력하면서도 기억에 오래 남는다.

당신은 헤어숍에 처음 방문하는 고객의 외모를 보고 대우가 달라진 경험이 있지 않은가? 고객의 차림새를 보고 상담이 달라진 경험이 있을 것이다. 반대로 고객의 입장에서 당신을 볼 때 어떠한지 생각해 보라. 똑같은 생각일 것이다. 당신의 헤어숍에 처음 방문한 고객은 디자이너의 외모나 차림새 등을 보고 디자이너를 선택할 수밖에 없다. 인간은 심리적으로 〈후광 효과〉를 지니고 있기 때문이다.

심리학에서 〈후광 효과Halo Effect〉란 한 사람의 신체적 매력으로 인하여 다른 것도 모두 좋게 평가되는 것을 말한다. 즉, 외적으로 매력 있는 사람이 공부도 잘할 것 같은 생각, 일도 잘할 것 같은 생각이 드는 것이다. 실제로 면접에서 외적으로 매력 있는 남성 혹은 여성이 더 좋은 점수를 받는다는 연구 결과도 있다. 이러한 후광 효과는 얼굴이 예쁘게 생겼다거나 성형하는 것을 말하는 것이 아니다. 자기만의 개성과 자신감을 말하는 것이다. 자신의 능력과 가치를 믿고 잘할 수 있다는 자신감을 갖는 것이 가장 중요하다.

뜨거운 인기를 누리고 있는 개그우먼 박나래의 경우를 보자. 남녀노소 누구나 할 것 없이 좋아하고 응원한다. 박나래는 자신을 사랑하고 자기가 하는 일에 열정을 가지고 있으며 모든 일에 최선을 다한다. 특히 솔직한 자기표현과 당당함이 현대인들에게 많은 사랑을 받고 있는 이유일 것이다. 그녀는 모델 뺨치는 패션 감각을 지니고 있으며 자세에서부터 당당함이 묻어난다. 사람들은 그녀의 당당하고 자신감 넘치는 모습에 끌리는 게 아닐까 싶다.

헤어 디자이너는 전문직이다. 세련된 패션 감각과 당당한 표정, 목소리 등은 상대로 하여금 〈전문가〉라는 이미지를 느끼게 해준다. 직장에서의 패션 스타일, 표정, 말투, 태도는 그 사람이 하는 말에 힘을 실어 준다. 각 잡힌 정장 차림의 직원과 청바지에 헐렁한 티를 입고 있는 직원의 말은 분명 무게가 다르다. 방금 잠에서 깨어난 사람처럼 부스스한 머리에 화장기 없는 얼굴로 출근하지 말라. 헤어숍은 당신의 직장이지 서비스를 받으러 가는 곳이 아니다. 어느 누가 직장에 출근해서 화장하고 헤어스타일링을 한단 말인가. 완벽하게 세팅되어 있는 상태로 고객을 맞는 것이 전문가이다.

〈패션의 완성은 슈즈shoes〉라는 말이 있다. 아무리 의상을 잘 갖추어 입었더라도 신발이 엉성하면 스타일이 죽는다. 헤어 디자이너라는 직업이 하루 종일 서서 근무하기 때문에 발이 편한 신발을 찾는 것은 당연하다. 그러나 매장에서 슬리퍼를 신는 것은 정말 하지 말아야 할 행동 중 하나이다. 보통 동네에서 혼자 헤어숍을 운영하는 원장님들이 통굽 슬리퍼, 발가락 슬리퍼 등을 신고 있는 것을 종종 본다. 최근에는 앞쪽은 구두 모양이면서 뒤꿈치 쪽은 슬리퍼로 된 신발이 유행한다.

이것 또한 슬리퍼인 것이다. 걸을 때마다 슬리퍼 끄는 소리가 얼마나 신경이 쓰이는지 아는가? 그 슬리퍼 때문에 당신은 전문가의 이미지로부터 멀어진다는 것을 잊지 말자.

표정이 좋은 사람이 성공한다

연예인과 일반인의 가장 큰 차이를 아는가? 그것은 얼굴 표정이다. 연예인은 웃을 때 입꼬리가 정말 많이 올라간다. 최근에는 입꼬리 올리는 성형 수술이 있을 정도다. 살짝 미소만 지어도 입꼬리와 눈꼬리가 가까워진다. 일반인은 웃을 때 입꼬리가 올라가지 않아 웃는 모습이 어딘가 모르게 어색하다. 사진을 찍을 때 〈김치~〉 하고 웃으라고 해도 좀처럼 입꼬리가 올라가지 않는다. 억지로 웃는 표정을 짓다가 얼굴에 경련이 날 지경이다. 이것은 모두 연습하지 않았기 때문이다. 일반인도 연습만 한다면 연예인처럼 얼마든지 입꼬리와 눈꼬리가 가까워질 수 있다. 하루에 10분씩만 거울을 보고 웃는 연습을 해보자. 표정이 바뀐다는 것을 장담한다.

얼굴 표정에는 그 사람의 삶이 묻어난다. 표정을 통해서 마음이 즐거운지, 불행한지, 근심 걱정이 있는지 모두 나타난다. 미용 서비스업을 하는 당신은 어떤 표정을 하고 고객을 대하고 있는가? 거울을 통해 당신의 표정을 확인해 보자. 헤어숍의 근무 환경은 언제나 거울 앞이다. 고객은 앉아서 당신의 행동을 포함한 모든 것을 거울을 통해 지켜보고 있다. 당신이 인상을 쓰고 있거나 근심 가득한 표정을 짓고 있다면 고객은 무슨 생각을 할까? 기분 전환을 하고 싶어 헤어숍을 방문한 고객의 기분을 당신이 망칠 수도 있다. 집안일은 집에 가서 생각하고 일할 때는 일에 집중하자! 〈나 무슨 일 있어요. 기분이 별로 안 좋아요〉라는 표정으로 고객을 대하는 것은 프로가 아니다.

옛말에 〈나이 마흔이 되면 자기 얼굴에 책임을 져야 한다〉는 말이 있다. 평소 자신이 짓는 표정이 오랜 시간 반복되다 보면 주름으로 자리 잡기 때문이다. 이것을 〈표정 주름〉이라고 한다. 우리 얼굴은 80여 개의 근육으로 이루어져 있다. 웃을 때 주로 사용되는 근육은 13개 정도, 찡그릴 때 사용되는 근육은 64개 정도다. 그러니 웃는 표정이 찡그린 표정을 짓는 것보다 생리학적으로 불리한 구조이다. 그렇기 때문에 우리는 찡그리는 연습보다 웃는 연습을 더 많이 해야 한다.

〈표정〉의 사전적 의미는 〈마음속에 품은 감정이나 정서 따위의 심리 상태가 겉으로 드러남〉이다. 중년이 되면 당신의 얼굴 표정에서 살아온 역사가 표현된다는 것이다. 가로주름은 웃는 주름으로 깊이가 얕고, 세로주름은 찡그리는 주름으로 깊이가 깊다. 당신의 얼굴에 어떤 주름이 만들어지길 원하는가? 웃는 연습으로 아름다운 표정을 만들기를 권한다. 눈에 끌리지 않는 외모라고 할지라도 항상 웃는 얼굴은 매력이 있다. 고객은 느낌이 밝고 좋은 사람을 선택하고 싶다.

건강한 몸에 건강한 정신이 깃든다

〈최고의 성형은 다이어트이다〉라는 말이 있다. 몸 관리만 잘해도 스타일이 살아난다. 나이가 들면 나잇살이 찐다고 자신을 합리화하지 말자. 과한 나잇살은 게으름이다. 적당한 몸매를 유지하는 것이 건강에도 이롭다. 또래와 같이 나이가 먹어 가는 것을 당연시 여기면 안 된다. 당신은 트렌드를 선도하는 직업을 가진 헤어 디자이너이다. 즉, 프로페셔널이다. 디자이너의 외모가 푹 퍼진 동네 아줌마 같다면 누가 당신에게 머리를 맡기겠는가? 딱 그만큼만 가격을 받을 수 있을 것이다. 절대 자신의 실력을 외모로 깎아내리는 짓은 하지 말자.

운동할 시간이 없다는 핑계를 대지는 말자. 운동은 시간 날 때 하는 것이 아니라 시간을 내서 하는 것이다. 하루에 30분 만이라도 꾸준히 한다면 좋은 효과를 볼 수 있다. 최근에는 약사 머슬퀸, 소방관 머슬매니아 등 전문 직업인들 사이에서 근육 키우기 열풍이 일고 있다. 몸이 좋다는 것은 그만큼 자세가 좋다는 것이다. 바른 자세에서 나오는 당당함은 그 어떤 것보다 매력 있다. 몸은 어느 날 갑자기 나빠지는 것도, 좋아지는 것도 아니다. 방치하면 서서히 독소가 쌓여 몸을 망가트리고, 관리하면 서서히 근육이 생겨 에너지가 좋아진다. 몸에서 이상 신호가 올 때까지 기다리지 말라. 그때가 되면 하루 30분 운동으로는 어림도 없다.

운동은 습관이다. 습관을 들이기까지는 인고의 시간을 가져야 한다. 그 시간이 지나면 습관으로 자리 잡아 〈운동을 해야 돼, 말아야 돼〉라는 갈등을 겪지 않아도 된다. 그냥 몸이 하고 있다. 나는 운동이 몸에 익는 시간이 6개월이라고 생각한다. 내가 직접 경험해서 6개월이라는 시간이 고비라는 것을 알게 되었다. 매주 일요일 오전 등산을 하기로 마음먹고 가까운 산에 가기 시작했다. 일요일 아침마다 일찍 일어나서 집을 나서는 게 여간 힘든 일이 아니다. 매 순간 이불속에서 갈등했다. 그런데 어느 날 갈등 없이 일어나 등산복을 챙겨 입고 나가는 순간이 오더라. 그러기까지 딱 6개월 걸렸다. 평소에는 가벼운 운동을 하고, 1주일에 한두 번은 조금 더 강도 높은 운동을 해봐라! 일상생활에 활기가 느껴질 것이다.

세 가지 실천 팁

첫째, 세련된 패션 감각과 당당한 표정, 목소리로 〈전문가〉라는 이미지를 풍겨라.

둘째, 밝은 얼굴 표정을 만들어라. 고객은 앉아서 당신의 모든 것을 거울로 지켜보고 있다.

셋째, 몸 관리도 헤어 디자이너에겐 필수이다.

03 시스템의 법칙:
똑똑하게 고객을 관리해 주어라

고객의 헤어 스케줄을 설계하는 법

인간은 망각의 동물이다. 어떤 것을 오랫동안 기억하기 위해 서는 지속적인 노출로 자극을 주어야 한다. 노출 시간이 반 드시 길 필요는 없다. 짧게 반복적으로 당신이 여기에 존재 한다는 사실을 각인시키는 것이 중요하다. 당신을 기억시켰 다면 고객이 방문하는 주기를 단축시켜라. 이 또한 당신이 고객의 기억에 관여해야 한다. 한순간도 방심하지 말라. 방 심하는 순간 고객은 당신을 잊을 것이다.

고객이 나를 잊지 않도록

한 번만 경험해도 그 경험치를 가지고 계속 기억하면 좋겠 지만 고객은 그렇지 못하다. 고객에게 반복적으로 당신이, 그 리고 당신의 헤어숍이 있다는 사실을 알려야 한다. 노출하는 방법에는 여러 가지가 있다. 당신의 상황에서 가장 적절한 방 법으로 하면 된다. 그것이 전화이건 문자이건 또는 전단지이 건 상관없다. 요즘 사람들은 전화보다 문자를 더 선호하므로 잊을 만하면 문자를 한 번씩 보내 주는 것도 좋은 방법이다. 우리의 뇌는 한 번 본 것은 단기 기억 장치에 저장했다가 어느 정도 시간이 흐르면 잊는다. 그러나 반복적으로 보면 단기 기억 장치에서 장기 기억 장치로 이전된다. 이때 비로소 기억되는 것이다.

고객에게 문자를 보낼 때는 역효과를 불러일으킬 수 있다는 점을 주의하자. 요즘에는 광고성 문자가 많아 소비자들이 불편을 겪기도 한다. 나 역시 하루에도 수십 건의 광고 문자를 지우는 데 불필요한 시간을 소비한다. 따라서 일반적인 광고성 문자는 아무리 자주 보내 봐야 소용이 없다. 오히려 당신의 이미지를 망가뜨릴 수도 있다는 것을 명심하자. 문자는 유용한 정보를 담되 간단명료해야 한다. 몇 퍼센트 할인율을 제공한다는 둥 주저리주저리 써봐야 고객은 읽지도 않는다.

오래전 방송에서 〈인간의 뇌〉에 대해 설명하는 것을 본 적이 있다. 우리의 뇌는 어떤 사물을 발견하면 시신경을 통해 〈뇌의 시상 → 소뇌 편도 → 시상하부와 척수 → 부신〉의 순으로 반응을 결정한다. 이때 걸리는 시간은 단 0.024초이다. 해당 사물에 대한 반응 속도인 것이다. 자신에게 유익한 것인지 위해가 되는 것인지 판단하는 시간이다. 이 짧은 시간에 당신의 헤어숍이 고객에게 강하게 인식될 수 있도록 임팩트 있는 한마디면 충분하다. 그 이미지가 무의식 속에 자리 잡을 수 있도록 반복적으로 보여 주는 것이 포인트이다. 예를 들면, 헤어숍의 콘셉트를 반영하는 단어나 슬로건을 만들어서 문자를 보낼 때 헤어숍 이름 앞에 붙여 넣는 것이다.

〈건강한 아름다움을 창조하는 ○○○ 헤어숍입니다. 오늘도 행복하세요.〉

〈당신의 꿈을 응원하는 ○○○ 헤어숍입니다. 오늘도 파이팅!〉

위와 같이 작성한 문자를 1주일에 한 번 정해진 요일의 오전에 보내는 것이다. 다른 말은 필요 없다. 몇 퍼센트 할인 행사를 한다는 것보다 훨씬 효과적이다. 중요한 것은 고객이 당신을 잊지 않도록 하는 것이기 때문이다. 이것을 반복하다 보면 어느새 고객의 머릿속에는 당신의 헤어숍이 각인되어 있을 것이다. 그리고 머리 할 때가 되면 〈아! ○○○ 헤어숍이 있었지〉하면서 번뜩 떠올릴 것이다.

TV나 라디오에서 들려오는 광고가 지겨울 때가 있다. 너무 자주 나오는 광고는 짜증을 불러일으킨다. 그럼에도 어느 날 문득 해당 제품이 필요해졌을 때 지겹게 듣던 매체에서 나오는 광고 카피나 로고송이 생각나는 것은 왜일까? 모두 이 각인 효과 때문이다.

에쓰오일은 기존의 〈쌍용정유〉라는 올드한 브랜드 이미지 때문에 좀처럼 시장에서 성장하지 못했다. 올드한 이미지와 낮은 시장 점유율을 탈피하고자 주유소 환경 개선 프로그램을 시작했다. 특히 2006년부터 로고송을 개발하여 청각 마케팅으로 활용했다. 이것은 소비자들에게 강한 인상을 심어 주었고, 이후 캐릭터까지 개발해 최초상기도(특정 상품군에서 가장 먼저 떠오르는 브랜드 기억도)에서 정유사 최초로 64퍼센트를 기록했다. 소비자들은 자기도 모르게 홍얼홍얼 에쓰오일의 로고송을 부르고 있었다. 광고에서의 지속적인 반복 노출이 각인 효과로 연결된 성공 사례이다. 반복적인 노출로 고객이 짜증 날 거라는 생각은 하지 말자. 수신되는 문자가 영 거슬리면 고객은 알아서 거부할 것이다.

고객을 위한 스케줄 관리법

망각의 동물인 우리는 약 한 달 전에 커트한 날짜를 정확히 기억하지 못한다. 주기적으로 커트를 해야 하는 남자의 경우 그 시점을 어떻게 잡는가? 보통의 남자는 주변에서 〈머리 좀 잘라야겠네〉라고 말하면 그때 〈아~ 내 머리가 길었구나〉라고 생각한다고 한다. 또는 앞머리가 이마 쪽으로 내려와 앞이 불편해지면 〈커트할 시기가 됐다〉라고 생각한다. 그렇기 때문에 다음번 헤어숍 방문이 한 달을 훌쩍 넘어가기도 한다. 불편해졌을 때 아무 헤어숍이나 눈에 띄는 곳에 들어갈 가능성도 많다. 〈죽어도 당신에게 커트하겠어!〉라는 생각이 있는 고객이 아니라면 말이다. 단골 고객이라 다른 곳에 가지 않는다고 해도 마찬가지다. 그 주기가 길어지면 1년에 열두 번 방문할 고객이 열 번 이하로 방문할 수도 있다.

남자의 경우 보통 커트하고 4주 정도 후면 머리가 디자인의 형태를 잃는다. 그렇다면 당신은 언제 고객에게 방문하기를 권하겠는가? 〈4주차에 방문하기를 권한다〉라고 생각했다면 그 생각을 바꾸길 바란다. 당신은 3주차에 고객에게 방문하기를 권해야 한다. 고객은 당신이 방문을 권했을 시점에 바로 방문할 수 있는 것이 아니지 않은가? 나름대로 스케줄이 있을 수 있다는 사실을 염두에 두어야 한다. 고객이 3~4주차 사이에 방문할 수 있도록 방문 시점을 문자로 미리 알려 줘라. 당신이 주기적으로 커트할 시기만 알려 주어도 고객은 항상 깔끔한 상태를 유지할 수 있다. 고객의 커트 스케줄을 관리해 주자.

우리 매장에서는 각 메뉴별 방문 시기를 문자로 안내하도록 교육하고 있다. 커트, 펌, 염색 등의 재방문 시기가 모두 다른 만큼 각 카테고리별로 메뉴를 세분화하는 것이 중요하다. 펌의 경우도 콜드펌, 열펌의 경우가 다르고 콜드펌 중에서도 남성과 여성이 다르다. 이를 하나의 그룹으로 묶기에는 어려움이 있다. 따라서 메뉴를 좀 더 세분화해서 각 메뉴별 자동 문자 서비스를 이용하면 된다. 요즘은 고객 관리 프로그램이 매우 잘 만들어져 있다. 이것만 잘 활용해도 문자 발송에 대해서는 크게 신경 쓸 게 없다. 처음에만 잘 설정해 두고 주기적으로 한 번씩 수정만 하면 된다.

안타깝게도 많은 헤어숍에서 이 좋은 프로그램을 20퍼센트도 활용하지 못한다. 간단한 문자를 보내는 것은 물론, 통계까지 산출할 수 있는 프로그램인데 말이다. 프로그램 사용이 어렵다면 문자 설정부터 시작해 보자. 각 메뉴별로 지정된 기간에 문자가 발송되도록 설정해 두면 고객이 당신의 헤어숍에 방문하는 주기가 훨씬 빨라질 수 있다. 우리 매장의 고객들은 〈때가 되면 문자를 보내주어서 좋다〉며 〈바빠서 신경 쓰지 못해도 알아서 관리를 해주어 고맙다〉는 말을 종종 한다. 고객은 헤어숍의 자동 문자 발송 시스템을 모른다. 자신을 특별히 신경 써서 스케줄을 관리해 주었다고 생각하는 것이다. 이렇게 좋은 시스템을 안 쓸 이유가 없지 않은가.

1년 1회 방문을 10회로 늘리는 방법

여자 고객 중 머리를 기르고 있는 사람은 헤어숍에 얼마나 자주 갈까? 혹시 이런 고객에게 〈몇 달간 오지 마세요〉라는 말을 한 경험이 있는지? 그렇다면 그 고객이 몇 달 후 당신을 찾을 확률은 얼마나 될까? 「눈에서 멀어지면 마음에서도 멀어진다.」 그것은 연인 사이에만 해당되는 말이 아니다. 머리를 기르고 있는 고객에게도 자꾸 만나야 한다는 것을 강조해야 한다. 자꾸 만나야만 성공적으로 원하는 길이만큼 기를 수 있을 뿐더러 기르는 동안 아름다움을 유지할 수 있다고 조언해야 한다. 원하는 길이만큼 기를 때까지 무조건 〈꾹〉 참으라고 한다면, 당신은 그 고객을 영영 잃을지도 모른다. 고객은 언제나 아름다울 권리가 있다.

나는 오랜 기간 숏보브의 머리 형태를 유지해 왔다. 어느 날 머리를 길러 볼까 하는 생각도 들었지만 항상 중간에 포기했다. 흰머리가 늘고 있어 매월 염색을 해야 하고 부스스한 곱슬에 매일 블로우 드라이를 해야 했다. 몇 달 기르다가 어깨에 닿을 때쯤 되면 인내에도 한계를 느끼고 자르곤 했다. 머리가 어깨에 닿으면 사방팔방으로 뻗치고 손질하기가 매우 어렵다. 그래서 일명 〈거지 존zone〉이라고도 부른다. 그 길이가 딱 〈어깨부터 쇄골까지〉이다. 이 구간만 지나면 그냥 길러진다고 보아도 될 정도이다. 그만큼 힘든 길이이다.

일전에 학교 앞 헤어숍에 방문한 적이 있었다. 수업 시간까지는 한참 남았고 지저분해 보이는 머리를 손질이라도 해야겠기에 예약을 하고 방문했다. 청파동에서 오래되고 유명하다는 J헤어숍이었다. 딱히 원하는 스타일이 있지는 않았기에 담당 디자이너와 상담하고 결정하기로 마음먹었다. 〈머리를 기르고 싶은데 어렵네요〉라고 하자(방문 당시 나의 머리 길이는 거지 존에 닿아 있었다) 담당 디자이너는 다음과 같이 말했다.

「고객님, 머리를 기를 생각이시면 지금 특별히 할 수 있는 것이 없습니다. 그냥 살짝 다듬어 드릴게요.」

담당 디자이너는 이렇게 말하고 뒤에 있는 인턴에게 샴푸를 지시했다. 나는 보다 자세한 상담을 원했지만 도저히 대화가 안 되어 그냥 조금 정리하는 것으로 마무리했다. 왜 디자이너는 머리를 기르는 사람은 할 것이 없다고 생각하는가? 내 머리가 〈거지 존〉에 닿아 있는데도 불구하고 할 게 없다니 이해가 되지 않았다. 매월 염색을 하기는 하지만 새로 자란 머리만 하기 때문에 펌을 못 할 정도로 손상된 머리도 아니었는데 말이다. 담당 디자이너가 펌을 권하면 난 할 의향이 있었다. 이 디자이너는 30만 원의 매출을 올릴 수 있었는데도 3만 원의 매출을 올리고 나를 보냈다. 그리고 지금은 가끔 문자를 보낸다. 그러나 나는 그때의 디자이너를 찾아간 적이 없고, 앞으로도 갈 생각이 없다.

보브 스타일의 단발을 등까지 기르기 위해서는 약 1년이 걸린다. 머리카락은 보통 한 달에 적게는 1센티미터에서 많게는 2센티미터까지 자란다. 사람에 따라, 영양 상태에 따라 차이는 분명 있지만 과학적으로 증명된 길이이다. 그렇다면 최소 12개월간은 장기 플랜을 세워야 하는데도 왜 할 게 없다고 했는지 안타깝다. 모발 관리도 피부 관리처럼 스케줄이 필요하다.

체형 관리, 피부 관리는 장기 플랜을 세워 체계적으로 방문하면서 케어를 받는다. 이것 못지않게 모발도 체계적인 관리가 필요하다. 실제 나이보다 어려보이는 것은 체형과 피부의 상태도 중요하지만 그보다 더 중요한 것이 머리숱과 윤기이다. 머리숱이 없으면 나이가 들어 보이고 많으면 반대로 어려보이는 경향이 있다. 연예인은 체형 관리, 피부 관리와 함께 정기적으로 두피·모발 관리를 받는다. 두피와 모발이 얼굴의 주름에 관여하고 외적 나이에 관여하기 때문이다.

당신은 혹시 얼굴의 주름이 두피 때문이라는 것을 알고 있는가? 두피에는 마름모꼴로 생긴 〈모상건막〉이라는 얇은 막이 있다. 나이가 들면 이 막이 늘어져 얼굴이 중력 방향으로 처진다. 따라서 두피 관리만 잘해도 얼굴에 주름이 생기지 않는다. 다만 일반인이 인식하지 못하기 때문에 관리를 소홀히하는 것이다. 이것은 전문가인 당신이 직무 유기를 했기 때문일 수도 있다. 고객은 알 수 없기 때문에 전문가는 알려 주어야 할 의무가 있다.

고객이 머리를 기르는 중이라고 한다면 다음과 같이 1년 스케줄을 설계해 줘라. 그리고 당신이 그것을 아름답게 실현해 줄 수 있다고 제안하라. 말로만 하지 말고 스케줄표를 작성해 보여 줘라! 대부분의 고객은 스케줄표를 보면 자신도 성공할 수 있을 거라는 기대감으로 제안을 쉽게 받아들인다. 말로만 할 때는 눈에 보이는 것이 없어 막연했는데 스케줄표를 보면 보다 구체적으로 느껴지기 때문이다.

초기 4개월 2개월에 한 번 정도 모발 끝을 정리할 수 있는 커트와 매월 트리트먼트를 권장

초기 5개월 차 거지 존에 도달하는 길이로 인내심에 한계를 느끼는 길이. 굵은 발롱 펌과 같은 것을 추천해서 열펌을 하도록 권장

중기 6개월부터 열펌으로 단백질 손실이 있을 수 있으므로 매월 트리트먼트 권장

앞의 예시처럼 고객의 성향이나 스타일에 따라 스케줄을 작성하되 염색 머리라면 최소 2개월에 한 번씩은 뿌리 염색을 하도록 적절히 스케줄표에 넣어 주어야 한다. 또한 잦은 염색으로 인해 두피에 많은 무리가 갈 수 있으므로 두피 케어를 같이

권하는 것이 좋다. 그럼 고객은 머리 길이가 길어질 때까지 지루해하지 않고 인내심을 발휘할 수 있다. 당신이 어떻게 스케줄을 관리하느냐에 따라 고객이 1년에 10회 이상 헤어숍에 방문할 수 있다는 것을 명심하자! 이것은 남자 고객도 예외가 아니다.

세 가지 실천 팁

첫째, 고객이 당신을 잊지 않도록 당신의 존재를 알려라.

둘째, 고객이 방문할 수 있는 적절한 시기를 설정해서 미리 알려라.

셋째, 고객의 1년 스케줄표를 작성해서 제시하라.

효율을 높이는 시간 절약 서비스

현대의 젊은 소비자들은 매우 바쁘다. 돈을 낭비하는 것보다 시간을 낭비하는 것을 더 아깝게 생각한다. 따라서 〈최소의 시간으로 최대의 효과를 보는 것〉에 열광적으로 소비한다. 최대한 합리적인 선택과 소비를 하려는 것 또한 이들의 특징이다. 당신이 현대 비즈니스에서 성공하기 위해서는 이런 소비자의 특성을 잘 이해하고 있어야 한다. 장황한 설명은 과감히 줄여라. 군더더기 없는 깔끔한 말투로 전문가의 포스를 느끼게 하라.

간단명료하게 말하라

현대의 소비자는 자신의 시간을 누군가에게 빼앗긴다고 생각하면 만나려고조차 하지 않는다. 주어진 시간이 자기를 위해 쓰기에도 모자란다고 생각하기 때문이다. 이러한 상황에서 누군가로부터 원하지 않는 광고성 정보를 듣는다는 것은 매우 언짢은 일이다. 헤어숍에서 근무하는 우리도 마찬가지이다.

하루에도 몇 번씩 방문하는 영업사원들 때문에 곤혹을 치르는 적이 한두 번이 아니지 않은가. 당신은 혹시 고객에게 듣고 싶지 않은 정보를 쉼 없이 말하고 있지는 않았는가. 말하는 동안 움직여야 할 손을 쉬지는 않았는가. 바쁜 고객은 원하든 원하지 않든 당신이 말하는 것을 머리하는 내내 들어야 한다. 고객의 시간을 낭비하게 하지 말고 필요한 정보가 있다면 간단명료하게 말하라. 장황하게 설명하는 순간 고객은 귀를 닫는다.

헤어숍에는 수많은 영업사원이 방문한다. 보험회사 판매원, 신용카드 판매원, 미용 재료상 등이 있다. 이들은 대부분 가장 한가해 보이는 직원을 붙잡고 무언가를 계속 설명하려고 한다. 모든 직원이 바쁘면 혼자 한참을 앉아 있다가 나가기도 한다. 거절하지 못하는 인턴 직원이 한번 잡히면 매우 곤란한 상황이 생기기도 한다. 계속 듣기도 눈치 보이고 안 듣자니 사람 무시하는 것 같은 생각에 어쩔 수 없이 듣다 보니 일이 밀리기도 한다. 대부분의 사람들은 헤어숍에 손님이 없으면 모두 일이 없는 줄 안다. 헤어숍은 한시도 한가할 틈이 없다. 고객이 있든 없든 바쁘다. 미용 재료를 유통하는 사람은 이런 헤어숍의 생리를 알기 때문에 항상 30분 이상 기다리는 것을 각오하고 방문한다. 사전 약속을 해도 마찬가지다.

A회사 대리점의 영업사원 H부장이 있다. 미용업에 발을 들인 지 얼마 되지 않아 보이는, 열정이 넘치는 그는 항상 웃는 모습으로 인사를 잘한다. 그런데 매장에 방문하면 여느 영업사원과는 다르게 별말 없이 메모지 한 장과 신제품의 샘플만

놓고 나간다. 〈시간 되실 때 보세요〉라는 말뿐이다. 목소리는 얼마나 발랄한지 매장에 웃음 바이러스를 퍼트리기도 한다. H 부장은 매주 같은 요일에 방문하여 인사하고 이와 같은 행동을 반복한다. 헤어숍이 바쁠 때도 그렇고 한가할 때도 똑같이 메모지 한 장과 신제품 샘플만 놓고 간다.

헤어 디자이너라는 직업은 고객과 장시간 대면하면서 대화를 주고받는다. 이때 누군가 흐름을 끊는 것을 매우 싫어한다. 고객과의 대화는 대부분 매출로 연결되기 때문이다. H부장은 자신의 영업 활동으로 이들의 시간을 빼앗으면 오히려 부정적인 인상만 줄 수 있겠다고 판단한 것이다. 이런 영업 방법이 H 부장에 대한 좋은 이미지로 작용했다. H부장의 이러한 전략은 좋은 성과를 가져와 회사에서 매출 상위에 올랐다고 한다. 얼마 후 대리점 사장으로 발령받았다며 새로운 명함을 건네주었다.

비즈니스 관계에서 서로의 시간을 낭비하는 대화는 좋은 효과를 내지 못한다. 현대인들은 자신의 시간을 남에게 뺏기는 것을 매우 싫어한다. 나 또한 마찬가지이다. 시간이 곧 돈으로 환산되는 직업을 가진 전문직에서는 더욱 그렇다. 현대의 사회에서 비즈니스에 성공하고 싶다면 상대방의 시간을 빼앗지 않으면서 자신이 원하는 메시지를 전달할 줄 알아야 한다. 그러기 위해서는 군더더기 없는 깔끔한 말투로 간단명료하게 핵심을 먼저 얘기하는 것이 좋다. 설명이 필요하다면 H부장과 같이 메모를 전달하는 것도 좋은 방법이다. 쓸데없이 말이 많은 사람이 사회생활에서 성공하는 것을 보지 못했다.

예약제 운영은 필수다

1인 살롱이 늘어 가고 있는 현 시점에서는 예약제 운영이 필수다. 고객이 무작정 방문하여 앞의 손님이 끝날 때까지 기다리는 것은 이제 옛말이 되었다. 헤어 디자이너 입장에서도 기다리는 고객이 있으면 현재 시술 중인 고객에게 오롯이 집중하기가 어렵다. 사람은 자신도 모르게 누가 기다리고 있다는 생각이 들면 마음이 급해진다. 평소 잘하던 것도 잘 안 되고, 안 좋은 결과로 이어질 수도 있다. 예약을 해두면 그 시간은 예약한 고객을 위한 것이므로 고객도 시간을 컨트롤할 수 있고 당신도 불안해할 필요가 없다.

국제미용기구 ICD Korea 회장직을 맡고 있는 L회장이 운영하는 헤어숍이 있다. 모든 고객은 예약을 통해서만 시술이 가능하다. 처음 헤어숍을 오픈했을 때는 고객이 없어서 하루 종일 거의 손님이 없는 날도 있었다고 한다. 처음부터 100퍼센트 예약제를 시행한다고 콘셉트를 잡은 L회장은 지나가다 들어온 손님도 예약을 하지 않았다면 돌려보냈다고 한다. 직원들은 L회장이 이해가 가지 않았다.

「어차피 손님도 없는데 그냥 받으면 안 돼요?」 직원의 말에 L회장은 다음과 같이 말했다.

「100퍼센트 예약제로 운영한다는 것은, 예약하지 않고 방문한 사람은 시술을 못 받는다는 의미입니다. 처음부터 이 원칙을 깨면 앞으로 우리는 100퍼센트 예약제를 실행할 수 없습니다.」

보통의 경우 이럴 때는 당연히 예약하고 방문하는 고객과 지나가다 들어온 고객을 모두 받는다. 오픈 초기이기 때문에 예약하고 방문하는 고객은 거의 없기 때문이다. 우리 살롱에 문을 열고 들어온 고객을 돌려보내는 일이 얼마나 어려운 일인지 헤어숍을 운영해 본 사람은 안다. L회장도 쉽지만은 않았을 것이다. 이 원칙을 고수한 L회장의 살롱은 현재 최소 한 달에서 두 달까지 예약이 가득 차 있다고 한다. 물론 이렇게 되기까지 오랜 시간이 걸렸다고 했다. 최고 경영자의 인내심이 필요한 일이다.

돈보다 시간

시간을 돈으로 사서 그보다 더 가치 있는 일을 할 수 있다면 기꺼이 지출하는 것이 현대인의 경향이다. 이것이 곧 〈프리미엄 라이프〉를 즐기는 일이 되었다. 현대의 소비자들은 〈최소의 노력과 시간으로 최대의 결과를 얻는 것〉을 효율적이라고 생각한다. 자신에게 가치가 있다면 비용을 더 지출할 수도 있다. 돈보다 시간이 더 중요하다는 얘기다.

가사 도우미의 손을 빌리는 일도 그런 관점에서 거리낌 없다. 기성세대들은 도우미를 부르는 일을 부자들의 특권이라고 여기지만 젊은 세대의 생각은 다르다. 집안일에 시간을 쓰는 것은 불필요하며, 꼭 자신이 해야 할 일이라고 생각하지도 않는다. 더 잘할 수 있는 사람에게 가사를 맡기고 그 시간을 자신을 위해 투자하는 것이 돈 몇 만 원 아끼는 것보다 더 가치 있는 지출이라고 생각하는 것이다. 이러한 현상은 미용업에서도 종종 목격할 수 있다.

　이제 많은 사람들이 바쁜 오전 출근 시간에 헤어스타일링과 메이크업에 시간을 쓰는 일을 낭비라고 생각하고 있다. 헤어는 최대한 손질하기 편하고 메이크업도 최소한의 것만 바르는 것이 요즘의 트렌드이다. 또한 20대의 젊은 층에서 〈탈코르셋〉 운동이 활발해지면서 기존과 같이 긴 머리의 헤어나 진한 메이크업을 선호하지도 않는다. 화장기 없는 〈생얼〉에 립만 바르는 이른바 〈노파데 메이크업(No 파운데이션 메이크업의 줄임말)〉이 트렌드이다. 화장을 하는 데 소요되는 시간도 아끼겠다는 심리에서 나온 것이다.

　헤어숍도 마찬가지이다. 펌과 함께 하는 클리닉은 단계가 복잡하여 긴 시간을 요구한다. 사실 화장품 회사에서 판매를 위해 만들어 놓은 시스템이라고 보면 된다. 이 모든 단계를 꼭 지킬 필요는 없다. 최근에는 과정이 복잡한 클리닉을 선호하는 고객이 거의 없다. 간단하면서 좋은 효과를 누릴 수 있는 제품을 선호하는 것은 물론 헤어숍에 머무는 시간도 단축하길 원한다.

　이처럼 젊은 소비자는 시간을 절약하는 것이 돈을 절약하는 것보다 더 가치 있다고 생각한다. 당신의 수다로 고객의 시간을 빼앗고 있지는 않은지, 고객이 매장에서 시간을 낭비하고 있지는 않은지, 고객이 아까워하는 것이 돈인지 시간인지 파악하고 적절히 대응하는 것이 중요하다.

세 가지 실천 팁

첫째, 바쁜 고객을 붙잡고 장황하게 설명하는 것은 지양하자. 설명이 필요하다면 메모를 전달하는 것도 좋은 방법이다.

둘째, 예약제를 통한 시스템으로 고객이 시간을 낭비하지 않도록 하라. 고객은 시간을 컨트롤 할 수 있어 좋고, 디자이너도 오롯이 고객에게 집중할 수 있어 좋다.

셋째, 고객이 아끼고 싶어 하는 것은 돈보다 시간일 수 있다. 고객의 시간을 절약할 수 있는 스타일을 개발하라.

차트 기록, 단골 고객 관리의 기본

기록 행위에는 내가 무언가를 오랫동안 기억하고 싶다는 의지가 담겨 있다. 고객과의 상담 시 귀로만 듣는 것보다 메모하기를 권한다. 메모는 생각보다 많은 것을 당신에게 알려 준다. 예전에 병원에서 했던 것과 같은 시스템을 이용하면 아주 효과적이다. 고객과의 상담 내용, 라이프스타일, 성향을 비롯해 오늘 시술한 내용까지 꼼꼼하게 정리해 보자. 질문 내용이 구체적이기 때문에, 다음번 고객이 방문했을 때 더 상세하게 상담할 수 있다.

병원에서 쓰는 고객 차트 기록 방식이 가장 효과적이다

디지털 시대! 모든 기록은 컴퓨터를 사용해 간편해졌고, 보다 많은 용량을 저장할 수 있게 됐다. 예전처럼 노트를 몇 권씩 바꾸어 가면서 기록할 일도 없어졌다. 그러나 나는 메모를 노트에 하라고 권하고 싶다. 고객마다 한 권의 파일로 시술 내역을 정리해 둔다면 그것이 곧 그 고객의 히스토리가 된다. 작성

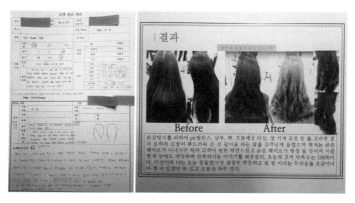

고객 관리 차트와 결과지. 시술 내역을 파일로 정리해 두면
고객에게 필요한 것을 파악하기 쉽다

된 메모는 고객과의 상담 시 유용하게 사용될 것이다. 고객은 자신의 시술 내역이 기록된 노트 파일을 보면서 〈특별히 관리받는다〉는 생각이 들 것이며 VIP 고객으로 전환될 확률이 높다. 고객 스케줄표도 이 노트 파일에 첨부해 두면 좋다.

고객 노트 파일에는 가능한 한 많은 정보를 기록하는 것이 좋다. 기본적인 고객의 인적 사항은 물론, 시술 시 대화에서 언급되었던 사소한 것들도 기록하는 것이 좋다. 당시 시술했던 내역과 왜 그 시술을 선택하게 되었는지, 방문했을 때 모발의 상태와 시술 후의 모발 상태, 시술 결과, 다음번 제안까지 상세하게 기록해 둘 것을 권한다. 다음번 고객 방문 시 체계적으로 상담할 수 있으며 지난 시술의 장점과 문제점을 한눈에 파악할 수 있다. 이 방법은 디지털로 기록하는 것보다 세 배 이상 더 효과적이다. 당장 시행할 것을 권장한다. 1년 후 당신의 VIP 고객이 지금보다 30퍼센트 이상 증가할 것이다.

병원에 가면 안내 데스크에서 간호사가 종이 차트를 찾아 방문한 순서대로 놓는다. 진료실에 들어갈 때 그 차트를 가지고 환자를 안내하면 의사는 그 차트를 보고 이전 진료 기록을 확인한다. 또한 방문한 날 진료한 내용과 처방을 기록한다. 모든 환자의 진료 내용은 차트에 상세하게 작성되어 있다. 환자는 알 수 없는 의사만의 용어로 말이다. 물론 지금은 종이 진료 차트를 볼 수 없다. 모두 디지털화되었기 때문이다. 병원 시스템은 모두가 컴퓨터를 통해 즉시 확인할 수 있도록 되어 있다. 종이 차트를 쓰지 않아도 상세하게 기록하고 관리할 수 있다.

물론 헤어숍에도 고객 관리 프로그램이라는 시스템이 있어서 고객의 모든 정보를 입력할 수 있다. 그러나 당신의 경대엔 컴퓨터가 없지 않은가! 고객의 기록을 보기 위해서는 컴퓨터가 있는 곳으로 이동을 해야 할뿐더러 고객과 같이 갈 수도 없다. 디지털 강국인 우리나라에서 웬 아날로그적 기록이냐며 반문하는 디자이너도 상당하다. 만약 디자이너별로 태블릿 PC를 가지고 있다면 그것을 활용해도 된다. 그러나 종이 파일의 기록은 태블릿 PC가 할 수 없는 디테일이 있다. 고객 관리 프로그램에는 통계를 위한 기본 정보와 시술 기록 등을 정리하고 고객 노트 파일에는 상세하게 작성할 것을 권한다.

고객의 히스토리에서 생애 주기가 보인다

마케팅에서 고객에게 설문조사를 할 때 반드시 포함되는 항목이 인구통계학적 특성이다. 이것은 나이, 성별, 소득 등으로 소비자의 소비 형태나 추이를 관찰하는 중요한 개념이다. 이 때 가장 중요한 것이 나이에 따른 생애 주기life-cycle stage이다. 생애 주기란 인간이 태어나기 전 태아 때부터 노인이 되기까지 변화하는 각 단계별 전환점을 말한다. 기업형이 아닌 헤어숍에서는 고객에게 설문하는 마케팅 조사가 사실상 어렵다. 그러므로 고객의 사소한 것까지 기록하는 습관을 갖는다는 것은 설문조사보다 더 큰 효과를 볼 수 있는 기회이다.

우리는 나이와 생애 주기가 바뀔 때마다 필요와 욕구가 달라진다. 구매 형태 또한 다르게 나타난다. 즉 유아기에서 청소년기로 변화할 때, 청소년기에서 청년기로 변화할 때, 청년기에서 장년기로 변화할 때, 이후 노년기로 접어들었을 때마다 인생의 큰 변화가 찾아온다.

예를 들어 고등학교를 졸업하고 대학교 입학 전에는 하고 싶은 것이 달라질 것이다. 청소년기에 마음껏 할 수 없었던 펌이나 염색으로 스타일에 변화를 주고 싶어 한다. 또한 취업을 앞두고 헤어스타일에 변화를 주고 싶은 마음이 생길 수 있다. 그 외에도 장년기에 들어서면서부터 흰머리가 눈에 띄게 늘어나 신경 쓰일 때, 노년기에 머리숱이 갑자기 감소한다고 느낄 때 고객의 마음이 급격히 변화한다. 이러한 변화를 계기로 지금까지 해오던 스타일을 바꾸고 싶을 때 당신이 적절한 서비스를 제공한다면 고객의 만족감은 더 높아질 수밖에 없다.

헤어 디자이너인 당신이 이런 고객의 생애 주기를 이해할 수 있다면 고객에게 제안할 수 있는 것이 많아진다. 매번 똑같은 스타일만 연출해 주면 고객은 어느 날 당신의 제안에 지루함을 느낄 수 있다. 당신의 고객 타깃층이 아주 세분화되어서 〈딱! 스무 살만 이용 가능함〉이 아니라면 고객의 생애 주기에 관심을 가져야 한다.

고객의 생애 주기에 관심을 가지려면 고객을 향해 안테나를 세우고 있어야 한다. 고객의 말에 귀를 기울이고 기록하는 습관을 가져 보자. 우리의 뇌는 한계가 있어서 모든 고객의 정보를 기억할 수 없다. 아무리 기억력이 좋아도 고객의 시술 내역, 시술 시 상태, 문제점 등을 모두 기억하기는 어렵다. 〈고객을 향해 안테나를 세워야 한다〉는 말은 고객 시술 노트를 꼼꼼하게 작성하라는 말이다. 사소한 가십거리에 안테나를 세우지 말고 고객의 생애 주기에 관심을 가지고 있어라. 스타일에 변화를 주고 싶어서 방문했는데 당신이 기존에 했던 것만 권한다면 고객은 헤어숍을 바꿀 수밖에 없다.

당신의 오랜 고객이 방문하지 않는 이유

몇 년 동안 꾸준히 당신에게 머리를 맡겼던 고객이 어느 날 방문하지 않는다면 권태기가 찾아온 게 아닌지 돌아봐야 한다. 지난 5년간 고객의 추이를 살펴본 결과 이사나 군 입대, 직장 발령 등으로 방문하지 않는 경우는 5퍼센트도 채 되지 않았다. 항상 같은 방식과 같은 음료의 제공, 계절에 상관없이 변화 없는 매장 분위기, 언제나 지루하고 한결같은 당신의 상담, 매번 해주는 똑같은 스타일에 고객은 지겨워진 것이다. 어느 정도 시간이 흐르면 삶에 변화를 주고 싶은 것이 인간의 심리이다. 항상 헤어숍과 집을 오가는 무료한 일상에서 벗어나고픈 당신도 마찬가지 아닌가? 당신이 지겨워지지 않도록 고객에게 소소한 재미를 제공하라.

많은 헤어 디자이너들이 고객이 떠나는 이유를 정확히 알지 못한다. 가장 큰 이유는 당신에게 지겨워졌기 때문이다. 단골이라는 이유로 고객에게 너무 무관심하지는 않았는지 생각해 보자. 항상 같은 패턴, 같은 스타일을 해주는 당신을 고객은 더 이상 신뢰하지 않는다. 변화를 주고 싶은 고객에게 매번 〈왜 스타일을 바꾸느냐? 지금 스타일이 가장 잘 어울린다〉라는 말은 고객에게 관심이 없다는 말과 같다. 고객에게 관심을 가져야만 제안의 폭이 넓어진다.

서비스에서 100-1=99가 아니다. 0이다. 모든 것이 다 만족스럽다고 할지라도 당신이 고객의 말을 들어 주지 않는 것은 가장 큰 〈변심〉 이유이다. 당신을 떠나는 고객은 그 이유를 당신에게 말하지 않는다. 펜실베이니아 대학교 와튼 스쿨Wharton School의 〈2006년 불만 고객 연구 보고서The Retail Customer Dissatisfaction Study 2006〉에 따르면, 불만족 고객의 6퍼센트만이 〈당신에게 직접 항의한다〉라고 했고, 31퍼센트가 〈주변 사람에게 험담한다〉라고 했다. 그리고 나머지 63퍼센트는 〈침묵한다〉라고 보고하고 있다. 특히 〈주변 사람에게 험담한다〉고 한 31퍼센트 사람들 가운데 78퍼센트가 적게는 세 명, 많게는 다섯 명에게 불만을 전달한다고 했다. 즉, 당신의 단골 고객이었던 한 명만 당신을 떠난 것이 아니라 최소 세 명과 같이 떠난 셈이다.

〈신규 고객을 유치하는 데 걸리는 시간이 10시간이라면 고객을 잃는 데는 10분도 안 걸리고 그 고객이 다시 돌아오도록 하는 데는 무려 10년이 걸린다〉는 말이 있다. 그만큼 〈변심〉한 고객의 마음을 돌리는 일이 어렵다는 뜻이다. 비용 측면에서도 마찬가지다. 신규 고객을 유치하는 데 드는 비용은 기존 고객을 유지하는 데 드는 비용의 열 배나 된다. 그러므로 기존 고객의 이탈을 방지하는 것이 훨씬 쉽고 효과적이다. 당신의 단골 고객에게 항상 귀 기울이고 관심을 가져야 한다.

세 가지 실천 팁

첫째, 인적 사항과 각종 시술 정보를 종이에 작성하여 고객 노트 파일을 만들어라. 병원의 고객 차트 방식을 차용하는 것도 효과적이다.

둘째, 고객의 생애 주기에 관심을 가져라. 고객에게 제안할 수 있는 폭이 훨씬 확장된다.

셋째, 신규 고객 유치보다 기존 고객을 유지하는 데 집중하라.

이벤트로 관심을 표현하는 법

고객은 연인과도 같아서 지속적으로 관심과 애정을 쏟아야 한다. 항상 생각하고 있다는 것을 알리고 소소한 이벤트로 감동을 주자. 고객의 생일을 그냥 지나치지 말고 꼭 챙겨라. 생각지도 못한 선물에 고객은 감동할 수 있다. 고객에게 당신이 특별한 존재라고 인식시키자. 고객의 마음속에 당신이 있어야 생각나고 보고 싶다. 그럼에도 불구하고 고객이 이별을 고하면 쿨하게 보내자.

잔잔한 감동으로 다가가기

사랑하는 사람에게는 항상 무언가를 주고 싶고, 주고 또 주어도 아깝지 않다. 사람이 항상 큰 것만을 바라는 것은 아니다. 소소한 것이라도 나를 위한 배려와 나를 향한 마음이 느껴지면 감동받는다. 우리가 만나는 고객은 연인과도 같다. 항상 생각하고 배려하고 사랑한다고 표현해 주어야 한다. 표현하지 않는 사랑은 사랑이 아니라고 했다.

「1년 동안에 이벤트를 할 수 있는 달이 몇 번이나 될까요?」
내가 이런 질문을 하면 디자이너들은 다음과 같이 말한다.

디자이너 네 번이요.
나 언제 언제인 거죠?
디자이너 밸런타인데이, 화이트데이, 고객 생일, 크리스마스요.
나 제 생각에는 최소한 한 달에 한 번은 이벤트가 가능할 것
    같은데요.
디자이너 네?

이 글을 읽는 여러분도 〈네?〉라고 질문하고 싶었는가? 그렇
다면 지금부터 같이 짚어 보자.

1월 해가 바뀌고 새로운 출발을 하는 시작 달이다. 그 자체로
    의미가 있다.
2월 알다시피 〈밸런타인데이〉가 있는 달이고, 설레는 〈설날〉
    이 있다. 우리 매장에서는 항상 신권을 준비한다. 물론 1년
    내내 거스름돈은 신권으로 준비한다.
3월 받은 초콜릿에 보답하는 〈화이트데이〉가 있는 달이다. 고
    객에게 사랑을 고백해 보자.
4월 봄이 와서 새싹이 돋아나는 달로 나무를 심는 〈식목일〉이
    있다. 〈다육이〉나 〈토마토 씨앗〉 같은 것을 선물해도 좋은 달
    이다. 키우는 재미가 있고 토마토가 열리면 당신이 생각난다.

5월 어린이날, 어버이날이 있다. 부모님께 효도할 수 있는 기회를 제공해 보자.

6월 7, 8월에 갈 휴가를 준비하는 달이다. 선크림이나 휴대용 샴푸·린스 파우치를 준비해도 좋은 달이다.

7, 8월 휴가철이 본격적으로 시작되는 달이지만 초복과 말복이 있는 달이기도 하다(음력이라 바뀌기는 하지만 거의 7, 8월쯤이다). 고객의 건강을 챙길 수 있는 견과류를 소포장으로 준비하는 것도 좋다.

9월 결실의 계절로, 추석이 있는 달이다. 명절 선물을 준비해도 좋다.

10월 〈핼러윈데이〉가 있는 달이다. 젊은 헤어숍이라는 이미지를 만들 수 있는 좋은 기회이다.

11월 〈김장하는 달〉이다. 소소하게 고무장갑을 선물해 주어도 좋다.

12월 〈성탄절〉이 있는 달이다. 그리고 수능을 치른 고3 수험생이 생애 전환기를 맞는 달이기도 하다.

언급한 사례는 어디까지나 예시이다. 매장의 상황에 맞게 적절한 선물을 준비해서 고객에게 잔잔한 감동을 주는 것이 좋다. 그리고 또 고객의 생일이 이 중에 있지 않겠는가? 이때는 생일선물로 크게 한턱 쏴라!

억지로 끼워 맞춘 것 같은가? 원래 이벤트는 없는 구실도 만들어서 하는 것이다. 그것이 관심이고 사랑이다. 진짜 선물은

〈고객 생일〉에 통 크게 하면 된다. 이렇게 하는데 고객이 어떻게 당신에게 헤어지자고 하겠는가? 소소한 감동과 재미가 있지 않은가? 고객이 당신에게 바라는 것은 그리 큰 것이 아니다. 대부분 당신이 해줄 수 있는 것이다.

상대방에 대한 사랑의 표현은 내 방식대로가 아닌 상대가 원하는 대로 해주어야 한다. 상대가 무엇을 원하는지, 어떤 것을 좋아하는지 물어보아야 한다. 내가 좋아하는 것을 상대는 싫어할 수 있다.

어떤 연인의 얘기를 잠시 해보겠다. 항상 치킨을 먹을 때 남자 친구는 여자 친구에게 닭다리를 앞 접시에 놓아 주었다. 그런데 여자 친구는 사실 닭다리보다 퍽퍽한 가슴살을 더 좋아했다. 다리 부위는 비린내가 나는 것 같아서 싫었다. 처음에는 남자 친구가 자신을 배려해 준 것 같아서 그냥 먹었다. 이러한 행동이 반복되다 보니 이제는 짜증 아닌 짜증이 났다. 이 연인의 가장 큰 문제점은 서로에게 묻거나 말하지 않았다는 것이다. 〈내가 좋아하니까 상대도 좋아하겠지〉라는 오류가 연인 간의 갈등을 유발한 것이다.

고객에게 선물하는 것이 쓸모없는 것이라면 아무리 많이 줘도 반갑지 않다. 오히려 그것을 받아 와서 버리는 경우가 생길 수 있다. 주고도 욕먹는 일이 되지 않도록 상대방의 입장에서 생각하고 시행하길 바란다. 매장마다 상황이 다르기 때문에 정답이 있는 것은 아니다. 적절한 아이템은 나보다 당신이 가장 잘 안다.

온리 유

남녀가 처음 만나 결혼까지 하는 것은 〈너 아니면 안 돼〉라는 감정이 생겼기 때문이다. 이러한 감정이 꼭 오랜 만남을 통해서만 생기는 것은 아니다. 짧게 만나도 특별함이 느껴졌다면 〈온리 유Only u〉가 된다. 즉, 〈오직 너만이 나의 배우자가 될 자격이 있어!〉라는 것과 같다. 고객이 당신을 이렇게 느끼도록 해야 한다. 그게 바로 당신만의 특별함, 〈온리 유〉가 된다.

어제 만난 연인이 자꾸만 생각나고 오늘도 보고 싶은 이유는 그 사람이 내 마음속에 들어왔기 때문이다. 특별함이 있는 사람은 헤어진 뒤에도 또다시 만나고 싶은 생각이 든다. 당신은 다른 누군가에게 이런 특별함이 있는 존재인가? 세상에는 자꾸자꾸 만나고 싶은 사람이 있고 다시는 마주치기도 싫은 사람이 있다. 이 글을 읽는 당신은 어떤 사람인가?

처음 당신을 만났을 때……
〈세상에 헤어 디자이너는 많아.〉
두 번째 당신을 만났을 때……
〈당신 정도면 내 머리를 맡길 수 있겠어.〉
세 번째 당신을 만났을 때……
〈난 반드시 당신이어야 해.〉
네 번째 당신을 만났을 때……
〈당신 아니면 난 내 머리를 맡길 사람이 없어.〉

당신을 찾은 고객의 감정이 이런 흐름과 같아져야 한다. 만날수록 보고 싶고 〈이제 너 아니면 안 돼〉라는 생각이 들어야 당신의 VIP 고객이 될 수 있다. 당신만의 특별함! 그것이 고객을 사랑에 빠뜨릴 수 있는 길이다.

떠나는 고객 〈쿨〉하게 보내 주기

고객이 떠나고 싶다면 쿨하게 보내 줄 용기가 필요하다. 마음이 떠난 연인에게 질척거리는 것만큼 못나 보이는 것이 없다. 아름다운 이별이어야 좋은 기억으로 남는다는 것을 잊지 말자. 당신은 멋지고 쿨한 사람이다. 혼자 가슴 시리고 피눈물을 흘릴지언정 연인 앞에서는 멋진 사람으로 기억되는 것이 좋지 않은가. 고객도 마찬가지이다. 좋은 기억을 가지고 떠나야 추후 다시 올 수 있는 기회라도 있다.

매장 고객 전체의 25퍼센트 정도는 회원권이나 정액권을 이용하도록 권하고 있다. 정액권은 고객 이탈을 방지하고 단골 고객을 확보하는 데 상당한 효과를 지니고 있다. 또한 고객 입장에서도 할인율이 높기 때문에 좋아하는 시스템이다. 문제는 정액권을 이용하던 고객이 변심해서 환불을 요청할 경우이다. 정액권을 이용하던 고객이 환불을 요청하는 이유는 당신이 소홀해졌다고 느끼기 때문이다.

오래된 연인이나 부부는 서로에게 익숙하기 때문에 가끔 소원해질 때가 있다. 그럴 때마다 내가 남편에게 하는 말이 있다. 「있을 때 잘해~ 잡아 놓은 물고기라도 밥을 줘야지, 밥 안 주

면 죽는다~」 정액권 고객을 〈잡아 놓은 물고기〉 취급해서는
안 된다. 오히려 당신의 VIP 고객이기 때문에 더 신경 쓰고 잘
해 주어야 한다. 당신만 바라보기로 약속한 사람이 아닌가! 그
에 대해 보답하는 것이 마땅하다. 그래야 정액권이 만기되었
을 때 다시 연장 계약을 할 마음이 생기고, 당신을 선택한 것이
옳았다고 생각할 것이다.

그럼에도 당신을 떠나겠다고 선언한다면 쿨하게 보내 줘라!
보통 정액권 환불 규정에는 기존에 할인받았던 시술을 원래
금액으로 차감한 후 환불하도록 되어 있다. 그러면 고객의 입
장에서는 환불받을 금액이 얼마 되지 않거나 없을 수도 있다.
고객이 그 원칙을 받아들일 수 없다고 한다면 그냥 남은 잔액
을 환불해 주기를 권한다. 너무 원칙대로 적용하다 보면 종종
얼굴을 붉히는 경우가 생긴다. 연인과 헤어질 때 〈지금까지 내
가 해준 선물 모두 돌려줘〉라고 하는 것이 얼마나 못나 보일지
생각해 봐라. 그냥 쿨하게 남은 잔액을 환불해 주자.

그리고 환불해 줄 때 모든 기록은 서면으로 남기되 절차를
너무 복잡하게 하지 않는 것이 좋다. 서면으로 환불 신청서를
받을 때는 변심한 이유를 간단히 설문 형태로 체크하도록 하
자. 추후 통계 자료로 활용할 수 있다. 그래야 같은 실수를 하
지 않을 것이 아닌가? 질문 문항은 간단해야 하며 한두 개 정
도가 적당하다. 중요한 건 웃으면서 보내 주는 것이다.

세 가지 실천 팁

첫째, 고객에게 소소한 이벤트로 잔잔한 감동을 주어라.

둘째, 고객에게 당신은 〈온리 유〉가 되어야 한다. 당신이 특별한 존재라는 것을 알게 하라.

셋째, 고객이 변심했다면 쿨하게 보내 줘라.

커트 시간보다 상담 시간을 더 오래

나는 항상 직원들에게 〈커트 시간보다 상담 시간을 오래 가져라〉라는 말을 한다. 머리는 한번 자르고 나면 되돌릴 수 없기 때문에 그만큼 신중하라는 의미이다. 매번 방문하는 고객이라도 다른 스타일을 원할 수 있고, 지난번의 커트가 불편했거나 마음에 들지 않았던 부분이 있었을 수도 있다. 그렇기 때문에 항상 지난 몇 주간 손질하기에 어땠는지 불편함은 없었는지 묻고 개선할 부분이 있는지 파악해야 한다. 불편한 점이 없었다면 현재 상태에서 지루함이 없도록 다른 스타일도 제안할 줄 알아야 한다. 그것이 디자이너이다.

당신은 디자이너인가, 테크니션인가?

두 가지 형태의 헤어숍을 비교해 보자. 저가의 남성 커트 전문점은 매우 저렴한 가격 때문에 일반적으로 멋을 내지 않는 남자들이 많이 찾는다. 깔끔한 헤어에 빠른 커트도 이들에게 매력적이다. 남자들이 헤어숍에 오랫동안 머무는 것을 좋아하지 않기 때문이다. 보통 손이 빠른 직원은 10분이면 남성 커트 한 명을 처리할 수 있다. 샴푸는 각자 알아서 한다. 여기에서 근무하는 미용사는 헤어 디자이너인가, 헤어 테크니션인가? 후자이다. 저렴한 가격에 빠른 시간 안에 커트하고 돌려보내 야 하는 매장의 특성상 디자인을 논할 시간이 없다.

다른 한 곳은 종합 스타일이 가능한 대형 헤어숍이다. 가격 은 중·고가로 형성되어 있어 고객들 또한 헤어스타일에 적극 관여하는 사람이 많다. 헤어스타일은 전문가인 디자이너와 상 담하고 결정하는 것이 좋다는 생각을 가지고 있다. 따라서 전 문가의 상담을 받고 디자인을 선택한다. 커트에 소요되는 시간 은 대략 1시간에서 1시간 30분 정도이다. 여기에서 근무하는 미용사는 헤어 디자이너인가, 헤어 테크니션인가? 전자이다. 헤어스타일에 민감한 고객의 헤어 커트는 빨리 끝내야 하는 것이 아니라 충분한 상담을 거쳐 고객과 의견이 일치되었을 때 비로소 해야 하는 것이다.

그렇다면 헤어 디자이너와 테크니션의 차이점은 무엇인가? 바로 상담이 가능한 사람인가, 그렇지 않은 사람인가 하는 차 이이다. 디자이너는 기술적인 문제를 해결하는 것은 물론이고 상담을 통해 스타일이나 디자인을 제안하고 고객의 의견을 반 영할 줄 알아야 한다. 가위와 클리퍼(Clipper, 일명 바리깡)를 사용하여 커트할 수 있다고 해서 모두 디자이너가 아니다. 고 객의 의견을 반영하지 못하고 제안할 수 없는 미용사는 단순 테크니션이다. 당신은 디자이너인가, 테크니션인가?

이용사의 〈장난 척〉 때문에 고객은 바보가 된다

많은 디자이너들이 헤어스타일의 이름, 커트나 펌의 기법 등의 전문 용어를 일반인과의 상담 시에 사용한다. 디자이너 자신이 전문가임을 강조하기 위해서다. 그러나 자기들만의 용어로 고객을 바보로 만들면 곤란하다.

> **고객** 머리가 너무 지저분해서 자르고 싶어서 왔어요.
>
> **디자이너** 네~ 어떤 디자인의 커트를 원하시나요?
>
> **고객** 음~ 길이는 많이 자르지 말고 지금의 형태에서 깔끔해 보이도록 정리해 주세요.
>
> **디자이너** 네. (머리를 자세히 살펴보더니) 고객님! 현재 고객님은 모발의 밀도도 높은데 원랭스로 하셨네요. 레이어로 하면 좀 더 페미닌한 느낌을 줄 수 있습니다. 스퀘어레이어를 한다면 나이도 안 들어 보이면서 보다 손질도 편하게 하실 수 있을 거예요.
>
> **고객** 아……, 네……. 그럼 알아서 예쁘게 해주세요.

위와 같은 대화에서 고객은 디자이너가 정확히 무슨 말을 한 것인지 알아들었을까? 물론 용어가 영어이기 때문에 느낌으로 알아들었을 수도 있다. 나이도 안 들어 보이고 손질도 편하다고 하니 〈그냥 알아서 예쁘게 해주세요〉라고 말했을 수도 있다. 다음과 같이 말했으면 어땠을까?

디자이너 네, 고객님. 숱이 많으신데 층 없이 그냥 자르셨네요. 무겁고 지저분한 느낌을 약간의 층을 주어 커트를 한다면 한층 가벼운 느낌도 들면서 지금보다 여성스럽게 보일 수 있습니다. 물론 층을 너무 많이 주면 많이 짧아진 느낌이 날 수도 있고 나이가 들어 보일 수도 있기 때문에 지금의 형태를 크게 바꾸지 않으면서 할 수 있는 방법으로 해드리겠습니다.

이와 같이 설명했다면 고객이 좀 더 편하게 이해하지 않았을까? 미용 경력이 얼마 되지 않은 초보 헤어 디자이너들이 자신의 경력을 의심받지 않기 위해 전자와 같이 상담을 한다. 오히려 경력이 오래된 디자이너들은 전문 용어를 풀어서 설명해 주어 고객이 보다 쉽게 이해할 수 있도록 한다. 전문 용어를 사용한 대화는 직원 간의 업무 지시나 대화 시 사용하는 것을 권장한다. 어설프게 아는 용어를 남발하면서 고객 상담을 하는 것은 고객을 혼란에 빠뜨리는 일이다.

〈A little knowledge is a dangerous thing〉이라는 영어 속담이 있다. 〈선무당이 사람 잡는다〉와 같은 말로 불완전한 지식이 사람을 곤경에 빠뜨리고 해를 끼친다는 뜻이다. 고객과 상담할 때에는 상대방의 입장에서 보다 쉽게 알아들을 수 있도록 설명하는 것이 좋다. 잘못된 설명 방법은 고객을 혼란에 빠뜨리고 정확한 의사소통을 방해한다. 정확한 의사소통이 안 된 상태에서 시술할 경우 엉뚱한 스타일을 만들어 낼 수 있다. 〈고객이 알아들었을 거야〉라는 추측으로 내린 결론 때문에 당신은 능력 없는 디자이너로 평가받을 수 있다. 당신이 아무리 좋은 기술로 완벽한 스타일을 제공했다고 하더라도 말이다.

시술은 고객의 의도를 정확히 안 뒤에

당신이 디자이너라면 항상 고객의 의도를 정확히 파악하려는 자세가 필요하다. 고객에게 〈오늘은 어떻게 해드릴까요?〉하고 묻는 방식은 좋지 않다. 그 질문을 받는 순간 고객은 〈어떻게?〉에 대해 어떻게 답해야 할지 모른다. 고객의 정확한 의도를 파악하고 싶다면 불편한 상황부터 질문을 시작해야 한다. 〈현재 고객님의 상태에서 가장 불편한 점이 무엇인가요?〉라는 질문부터 시작해 보자. 그다음에 하고 싶은 스타일이 있는지 묻는 것이 순서가 되어야 한다. 어떤 스타일을 선택했다면 왜 그 스타일이 마음에 드는지도 물어야 한다. 그래야 고객의 정확한 의도를 진단할 수 있다.

대화는 서로의 다른 생각이나 기대치에서 출발해 중심으로 접근해 가는 과정이다. 고객은 당신에게 어느 정도 기대치를 품고 있다. 미용 분야 전문가이기 때문에 일반인인 자신보다 더 잘 알 것이라고 생각한다. 대충 이야기해도 당신은 전문가이기 때문에 알아서 잘해 줄 것이라고 생각한다. 그러나 서로가 〈알고 있을 거야〉라는 생각으로 대충 이야기해 놓고 나중에 고객이 〈이것이 아니었다〉라고 불만을 터뜨린다면, 그때는 이미 늦었다. 모든 시술이 끝나지 않았는가.

〈오늘은 어떻게 해드릴까요?〉라는 질문은 좋지 않다. 고객이 〈알아서 예쁘게 해주세요〉라고 말한다면 〈가장 불편한 점이 무엇인가요?〉라는 질문부터 세심하게 물어보자. 〈예쁘게〉라는 관점은 사람마다 다르기 때문에 아무리 당신이 예쁘게 해주어도 고객의 마음에 든다는 보장이 없다. 또한 고객의 모발 상태가 100퍼센트 완벽한 스타일을 할 수 없는 상태라면 고객을 설득해 다른 처방을 내려 줄 수도 있어야 한다. 왜 그것을 현재의 상태에서 할 수 없는지, 현재 할 수 있는 것이 무엇인지에 대해서 구체적으로 말이다.

상담 시간이 오래 걸린다고 그 시간을 아까워하지 말아야 한다. 잘못된 상담으로 재시술을 하는 것은 그보다 더 많은 시간을 요구한다. 재시술을 할 수 있는 경우라면 그나마 다행이다. 한번 커트해서 없어진 머리는 다시 되돌릴 수 없다. 보다 신중하게 상담하는 습관을 들이는 것이 고객 이탈을 방지하는 것이다. 고객 만족도는 당신의 기술보다 상담의 질로 평가될 수 있다.

세 가지 실천 팁

첫째, 당신이 테크니션이라면 상담에 공을 들일 필요가 없다. 그러나 디자이너라면 상담하는 시간을 충분히 가져라.

둘째, 전문 용어를 남발하지 말라. 고객에게 잘난 척하지 말고 쉬운 말로 알아듣게 설명하라.

셋째, 고객의 의도를 충분히 파악한 뒤에 시술에 임하라.

고객을 설득하는 것이 비즈니스의 본질이다

고객을 설득할 때는 단호하게 말해야 한다. 말끝을 흐리는 애매모호한 말투는 고객의 신뢰를 떨어뜨린다. 제안할 때도 마찬가지이다. 어설픈 제안은 안 하는 것만 못하다. 고객의 입장에서 알아듣기 쉽게 고객의 말로 설명하라. 고객은 당신이 생각하는 것보다 미용 분야에 대해 무지하다. 고객의 〈아는 척〉에 속지 말고 가능한 쉬운 말로 설명하라. 그것이 설득력을 높이는 길이다.

확신을 가지고 힘 있는 목소리로

고객을 설득해야 하는 당신은 목소리에 힘을 실어 확신을 가지고 말해야 한다. 〈글쎄요……〉, 〈그게……〉, 〈아마도……〉 등과 같이 말끝을 흐리는 것은 누가 봐도 믿음이 가지 않는다. 한국인은 겸손을 미덕으로 알고 그렇게 교육받아 왔기 때문에 자신을 드러내는 일을 부끄러워한다. 하지만 고객을 설득해야 하는 비즈니스 상황에서 겸손한 태도는 자신감이 없는 사람으로 오해받기 십상이다. 겸손은 상사에게 하는 것이지 고객에게 해야 하는 것이 아니다. 자신감 있게 확신을 가지고 〈할 수 있다〉라고 말하는 것이 설득력을 높인다.

고객이 디자이너에게 상담을 원하는 이유는 디자이너인 당신의 전문성을 인정하기 때문이다. 그런데 상담에 임할 때 자신감 없는 태도는 디자이너의 전문성을 의심하게 만든다. 고객의 선택은 당신의 확신에 있다. 고객의 질문에는 〈그렇다〉라고 분명하게 대답해야 한다. 〈그럴 것이다〉, 〈아마 될 것 같다〉라는 어정쩡한 표현 또한 고객이 당신을 믿지 못하게 하는 말투이다. 다음의 대화를 보자.

고객 열펌을 하고 싶은데 가능할까요?
디자이너 글쎄요……. 모발이 많이 손상되었네요. 클리닉을 받으면 가능할 것 같습니다.

위의 대화에서 고객은 디자이너의 말에 확신이 들까? 〈클리닉을 하면 가능할 수도 있고 안 될 수도 있다〉는 의미로 받아들인다. 전혀 열펌을 못할 정도가 아니라면 다음과 같이 확신을 가지고 말해야 한다.

고객 열펌을 하고 싶은데 가능할까요?
디자이너 고객님의 모발 손상은 ○○단계로 보입니다. 클리닉을 하면서 열펌을 한다면 원하시는 컬을 얻으실 수 있습니다. 저를 믿고 맡겨 주세요.

분명하고 단호하게 말해야 한다. 〈나를 믿고 맡기면 당신이 원하는 모양을 얻을 수 있다〉라는 뜻을 확실하게 전달해야 한다. 그래야 고객을 설득할 수 있다. 만약 고객이 원하는 스타일을 할 수 없을 정도의 모발이라면 그 사실 또한 정확하게 설명해 주어야 한다. 안 되는 것은 왜 안 되는지 명확히 설명한 후에 다른 시술을 제안한다면 당신을 더 신뢰할 것이다.

제안하는 디자이너가 신뢰받는다

모발 손상이 심해 고객이 원하는 열펌을 하지 못할 상황이라면 당신은 어떻게 해야 할까? 〈고객님, 모발 손상이 심각해서 도저히 펌을 해드릴 수 없어요〉 하고 돌려보내야 할까? VIP가 될지도 모르는 고객을 내쫓는 어리석은 짓은 하지 말도록 하자. 이런 고객은 다른 헤어숍에서 거부당한 고객일 가능성이 크다. 당신이 컨설팅만 잘해 준다면 영원한 마니아가 될 수 있다. 당신의 매장에 스스로 문 열고 들어온 고객을 절대 그냥 내보내지 말길 바란다.

고객은 미용 분야 비전문가이기 때문에 알고 있는 모든 지식을 동원해도 펌, 염색, 커트 이외에는 무엇을 할 수 있는지 모른다. 모발 손상이 심각하여 펌을 할 수 없는 지경에 이르렀다면 펌을 할 수 있는 상태로 만들면 될 것이 아닌가? 방문한 그날부터 최소 6개월간의 스케줄을 짜보자. 그리고 고객에게 제안을 하면 된다. 이때 중요한 것은 당신을 믿고 맡길 수 있도록 확신에 찬 목소리로 당당하게 말하는 것이다. 절대 후회하지 않게 해주겠다는 강한 의지를 보여 줄 필요가 있다. 고객은 정확한 스케줄로 제안하는 당신을 더 신뢰할 것이며 당신의 제안을 받아들일 것이다.

이 고객은 지금까지 다른 헤어숍에서 그런 컨설팅을 받아보지 못했기 때문에 성공할 수 없었던 것이다. 손상모에 열펌을 하는 것을 너무 겁낼 필요는 없다. 앞서 6개월이라는 기간은 최소 6센티미터의 머리를 길러서 잘라 낼 수 있는 기간이다. 모발 손상은 대부분 모근 쪽이 아닌 머리카락 끝쪽이다. 그렇기 때문에 6센티미터 정도 잘라내면 펌을 할 수 없을 정도로 손상된 머리는 잘려 나간다. 그 윗부분은 손상이 있다고 해도 아주 못할 정도는 아니다. 이런 방법으로 고객을 설득해 보자. 만약 설득에 성공한다면 그 고객은 당신의 VIP 고객이 될 확률이 높다.

고상한 말보다는 적절한 비유로

대부분의 영업자들이 고객을 설득하는 데 필요한 것은 전문성이라고 생각한다. 올바른 생각이다. 자신의 분야에 대해서는 누구보다 자기 자신이 잘 알고 있어야 한다. 문제는 전문성을 부각시키기 위하여 고객에게 알아듣지도 못하는 전문 용어를 사용하는 것이다. 비전문가인 고객에게 전문 용어를 사용해 가면서 설명하는 것은 고객을 설득하려는 게 아니라 당신의 잘난 척을 보여 주는 일이다. 잘난 척은 금물이다. 알아듣기 쉽게 고객의 눈높이에서 고객의 용어로 설명해야 고객이 이해한다.

어렵고 고상한 단어를 선택해서 설명하는 것도 좋지 않다. 이런 단어를 선택하여 설명하는 당신은 단언컨대 그것에 대해 잘 모른다. 자신의 무지를 감추기 위하여 포장하는 말은 티가 난다. 진정으로 잘 아는 사람은 누구보다 쉽게 말할 줄 안다. 〈대화를 이끌어 가는 질문〉에서 〈내가 알면 고객도 알 것이다〉라는 무의식에 대하여 설명했다. 이것을 〈지식의 저주The curse of knowledge〉라고 한다. 〈자기가 알고 있는 지식을 타인도 알 것〉이라는 착각이다. 흔히 교수가 학교에서 학생들의 눈높이를 맞추지 못해 나타나는 현상으로 〈이 정도는 알겠지〉라는 전제하에 수업을 진행하는 경우를 말한다. 전문가인 당신이 비전문가인 고객에게 지식의 저주를 퍼붓지 않기를 바란다.

상대방이 이해할 법한 것을 비유하여 설명해 주면 고객은 훨씬 잘 이해한다. 필라테스를 하기 위해 이틀에 한 번 방문하는 건물의 엘리베이터에 적혀 있던 문구가 생각난다. 「바닥에 침과 껌을 뱉지 말아 주세요. 이 건물을 청소하시는 분은 당신의 어머니일지도 모릅니다. 당신 어머니의 무릎이 고생하지 않도록 해주세요.」 이 글을 본 당신은 엘리베이터 안에 침이나 껌을 뱉을 수 있겠는가? 만약 다음과 같이 쓰여 있었다면 어땠을까? 「바닥에 침과 껌을 뱉지 말아 주세요. 지적 소양을 갖춘 대한민국 국민의 지켜야 할 의무입니다.」

당신은 어떤 문구가 더 설득력이 있다고 생각하는가? 후자는 고상한 말을 쓰긴 했지만 마음에 와닿지는 않는다. 훨씬 공감하기 쉬운 표현으로 쓰인 전자의 문구가 더 설득력 있게 다가온다. 즉 고객을 설득할 때에는 이렇게 마음에 와닿는 말로 해야 한다. 지식의 저주에 빠지지 말기를 바란다.

세 가지 실전 팁

첫째, 고객을 설득해야 하는 당신은 정확하고 단호하게 말해야 한다. 말끝을 흐리는 것은 자신감이 없다는 인상을 준다.

둘째, 고객에게 제안하라. 제안하는 디자이너가 신뢰를 준다.

셋째, 설득력을 높이는 말은 고상한 말이 아니다. 고객의 눈높이에 맞춘 쉬운 말이다.

04 집중의 법칙:
단골 고객은 안정적인 매출로 이어진다

돈보다 중요한 것

시장이 항상 호황이었던 적은 없었다. 경기가 안 좋은 것을
탓하지 말고 내부에서 개선할 수 있는 일을 찾아보자. 문제
는 항상 내부에 있다. 자신이 하고 있는 업의 개념을 명확히
하고 잘할 수 있는 것에 집중하는 자세가 필요하다. 기본과
본질에 충실해야 한다. 미용업은 인간관계업이다. 돈을 따라
움직이지 말고 주변 사람들의 마음을 얻어야 한다. 성공의
잣대가 돈이 되어서는 안 된다. 사람을 보자!

업의 개념을 명확히 하고 잘할 수 있는 일에 집중하자

1980년대 이후 미용 업종이 호황이었던 적은 한 번도 없었
다. 미용업뿐만 아니라 요식업 등 타 업종도 마찬가지이다. 거
꾸로 말하면 우리가 느끼는 불황은 모든 소상공인이 느끼는
체감 경제일 뿐이지 실제 불황은 아니라는 것이다. 모든 소상
공인에게 물어 봐도, 경기가 좋아서 행복하다는 사람은 아무
도 없다. 항상 경기는 좋지 않았고 장사는 힘들다고 한다. 이것

은 시장의 상황이 나빠서 그렇다기보다 시장 상황이 항상 변화하고 있기 때문이다. 어려운 시장 상황에서도 자신의 업을 분명히 알고 그것에 집중하는 사람은 불황이 없다.

사업을 하는 모든 사람에게 다음과 같이 질문하고 싶다.

첫째, 당신은 어떤 목적으로 그 일을 하십니까?
둘째, 당신이 가지고 있는 핵심 가치는 무엇인가요?
셋째, 당신이 가장 잘할 수 있는 것이 무엇인가요?

위와 같은 질문에 물음표를 갖는 사람이라면 지금 영위하고 있는 사업이 잘 안 되고 있을 가능성이 크다. 반면에 주저 없이 위의 세 가지 질문에 답할 수 있는 사람은 이미 사업이 잘되고 있을 가능성이 크다. 사업을 그냥 심심풀이로 하는 것이 아니라면 위의 세 가지 질문에 답을 찾아보길 바란다.

위의 질문에 나는 다음과 같이 답을 해보고자 한다.

첫째, 나는 배우고자 하는 이들에게 아낌없이 나의 축적된 지식을 나누어 주고 그들이 성공적인 미용업을 영위할 수 있도록 한다. 이 일을 통해서 한 사람의 인생이 변화됨은 물론 미용 산업의 발전에 이바지할 수 있다고 확신한다.

둘째, 나는 대한민국을 대표하는 상위 1퍼센트 미용 지식인으로서 수많은 제자를 올바른 방향으로 지도해 왔다. 또한, 대한민국에서 전문 직업인으로 미용인이 당당하게 인정받는 방법에 대하여 알고 있다. 이를 통해 미용인의 길을 가고 싶은 사람들에게 길 안내자 역할을 할 수 있다.

셋째, 내가 가장 잘하고 좋아하는 것은 가르치는 일이다. 내가 가진 기술, 지식, 경영 방식, 마케팅, 삶을 바라보는 자세 등은 지금까지의 나의 발자취이고 노력이다. 가르치기 위해 배우고 익혔다. 누군가를 가르쳐 그 사람의 인생이 변화될 수 있다면 그것이 나에게 가장 기쁜 일이다.

지금은 무한경쟁 시대로 미용업에 종사하는 사람이 엄청나게 많다. 이는 미용업만이 아니라고 생각한다. 현대 사회는 의사도 넘쳐 나고 약사, 변호사와 같은 전문직을 가진 사람도 넘쳐 나는 시대이다. 기존에는 의사들이 병원을 개원하면 수입이 보장된다고 했다. 지금은 상황이 달라졌다. 병원을 개원하고도 환자가 없어서 문을 닫는 곳이 많은 시대가 되었다. 시장 경제 상황이 이렇다 보니 업의 개념도 명확하지 않고 뚜렷한 목적 없이 사업을 영위하면 실패할 확률이 높다.

미용업은 인간관계업이다

미용업은 서비스업이다. 사업자등록증에 이렇게 나와 있다. 그러나 나는 〈인간관계업〉이라고 말하고 싶다. 미용업은 사람을 얻어야지만 성공할 수 있다. 직원이든 고객이든 사람을 잃으면 성공할 수 없는 것이 미용업이다. 첫째도 인간관계, 둘째도 인간관계, 셋째도 인간관계를 잘 맺는 것이어야 한다.

물론 사람에 집중하는 것이 쉬운 일이 아니다. 인간의 마음은 갈대와도 같아서 이리 휘고 저리 휘고 하루에도 열두 번씩 흔들린다. 그런 사람의 마음을 붙잡아 두는 것이 말처럼 쉽지 않다. 나 또한 10년 넘게 미용업을 영위하면서 사람 때문에 마음고생이 많았다. 한 번도 내 마음에 100퍼센트 쏙 드는 사람을 만난 적이 없다. 그것이 남이든 가족이든 말이다. 생각해 보면 당연한 일이다. 자식이라도 머리가 커서 자기 생각이 뿌리내리는 순간 내 마음대로 할 수 없다.

또한 상대방은 받은 만큼 나에게 돌려주지 않는다. 그것이 사람이다. 준 만큼 돌려받으려고 하는 순간 당신은 서운한 마음이 들 것이다. 고객은 언제라도 당신을 떠날 수 있다. 그것에 대하여 서운해하지 말아야 한다. 하지만 장담하건대, 당신이 배신하지 않는 한 고객은 당신을 떠나지 않는다. 고객이 떠난다면 분명 당신이 먼저 배신한 것이다. 처음에 다짐했던 기본과 본질에 충실하다면 고객의 마음은 쉬이 바뀌지 않는다. 미용업은 타 업종과 달라서 여기저기 돌아다니면서 이용하는 곳이 아니다.

현재의 수익만 생각하는 태도로는, 잠시 성장할 수는 있어도 장기적으로 단골을 만들기가 어렵다. 단골이란 당신이 없어지면 불편해질 고객들을 말한다. 헤어숍이 성공하려면 단골을 만들어야 한다. 그러려면 내가 헤어숍에 있다는 것을 고객이 좋아하도록 만들어야 한다. 당신은 단골을 확보하고 있는가.

계속되는 인건비와 원자재 값 상승에 이윤이 적어진다고 생각하는가? 이제 그만 당신에게도 꽃길이 펼쳐지길 바라는가? 당신이 일하는 환경에서 꽃길을 걷길 바라지 말아라. 당신은 이미 전쟁터에 내던져진 무사와도 같다. 전쟁에서 어떻게 꽃길을 바랄 수 있겠는가. 당신이 승리하여 그곳을 꽃길로 만들길 바란다. 잠시 한눈을 팔고 싶다면 당신의 오른팔을 잘 키워놓아라. 그래야 당신이 한순간에 전쟁 낙오자가 되는 일이 없다. 그것이 바로 사람이다. 사람을 귀하게 여기고 어느 누구도 함부로 대하지 말 것을 다시 한번 강조한다. 가장 마지막에 남는 것이 사람이다.

세 가지 실천 팁

첫째, 업의 개념을 명확히 하고 잘할 수 있는 것에 집중하자.

둘째, 기본과 본질에 충실해야 한다. 현실과 타협하는 순간 사람은 떠난다.

셋째, 성공의 잣대가 돈이 아니라 사람이어야 한다. 사람을 먼저 보자.

단골 고객 20퍼센트가 매출의 80퍼센트를 만든다

광고에 집중하지 말고, 지금 당신 앞에 있는 고객에게 집중
하자. 그 한 명의 고객이 100명으로 늘어날 수 있다. 단골이
단단해지면 미용업에 비수기는 찾아오지 않는다.

지금 앞에 있는 고객에게 최선을 다하자

헤어숍의 본업은 광고를 잘하는 것이 아니다. 미용 서비스를
통한 고객 만족에 있다. 아직 오지도 않는 고객을 위해 엄청난
광고를 하면서 비용과 에너지를 소비하지 말자. 지금 당신 앞
에 앉아 있는 고객에게 최선을 다하면, 100명 이상 고객이 늘어
날 수 있다. 광고나 홍보는 당신을 몰라 못 오는 사람들에게 당
신이 거기 있음을 알리는 정도면 된다. 광고에만 집중한 나머
지 지금 앞에 있는 고객을 소홀히 하면 단골을 만들 수 없다.

헤어숍은 20퍼센트의 단골 고객이 80퍼센트의 매출을 만든
다는 파레토의 법칙Pareto's Law이 적용되는 업종이다. 이탈
리아의 경제학자 빌프레도 파레토Vilfredo Pareto는 〈이탈리

아 인구의 20퍼센트가 이탈리아 전체 부의 80퍼센트를 차지한다〉고 주장했다. 이것을 품질 경영 전문가인 조지프 M. 주란 Joseph M. Juran이 경영학에 처음 적용했고, 경영 이론의 하나로 발전했다. 〈전체 결과의 80퍼센트가 전체 원인의 20퍼센트에서 비롯된다〉는 파레토의 법칙은 경영학뿐만 아니라 일상생활에서도 종종 일어나는 현상이다.

파레토의 법칙에 비추어 보면, 헤어숍 경영자가 집중해야 할 고객은 일반 소비자가 아니라 단골 고객이다. 그렇다면 일반 소비자와 단골 고객은 어떤 차이가 있는지 용어부터 정리해 보자.

소비자Consumer 불특정 다수의 잠재 고객을 말한다. 당신의 제품이나 서비스를 이용했건 이용하지 않았건 모두 소비자인 것이다.

고객Customer 소비자 중에서 당신의 제품이나 서비스를 한 번이라도 이용해 본 사람이다. 연속적으로 재구매를 할 수 있는 대상이다.

단골Frequenter 고객 중에서 당신의 제품이나 서비스를 지속적으로 재구매하는 사람이다. 즉 당신의 매출 향상에 지대한 영향을 미치는 대상이다.

마니아Mania 충성 고객을 말한다. 당신의 제품이나 서비스가 아니면 안 되는 사람이다. 즉 팬의 개념이라고 할 수 있다.

위와 같이 개념을 정리해 보면, 헤어숍 경영자는 전체의 고객 중 단골 고객을 확보하는 데 힘써야 한다는 것이 자명해 보인다. 단골 고객은 관계에 기반한다. 따라서 마케팅에서는 단순하게 고객 관리라고 하지 않고, CRM이라고 한다. CRM은 Customer Relationship Management의 약자로 〈고객 관계 관리〉를 뜻한다. 즉 단골 고객을 만들려면 고객 관계 관리를 잘하는 것이 필수이다.

고객이 다시 오도록 만들려면

단골 고객은 마니아가 될 가능성이 크다. 따라서 매장에 빈번하게 방문하는 고객을 더 우대해 주고 방문 횟수가 올라갈 때마다 특별한 혜택을 제공해야 한다. 많은 헤어숍에서 남성들의 경우 10회 커트 시 1회를 무료로 이용할 수 있는 쿠폰을 제공하기도 한다. 이 또한 좋은 방법 중 하나이다. 커피 음료를 살 때 도장 찍는 쿠폰과 같은 개념이라고 보면 된다. 무료로 커트해 주는 것에 대해 아깝다고 생각하지 말자. 그 고객이 지금까지 당신에게 지불한 돈이 더 많다. 고객도 목적 달성(무료 커트)의 욕구를 채우기 위해 일부러 다른 헤어숍에 방문하지 않고 당신을 찾아왔을 수 있다.

기업의 실질적인 수익은 재방문 고객, 즉 단골 고객으로부터 나온다. 따라서 기존 고객의 이탈을 방지하고 고객 충성도를 높이기 위한 마케팅 방법을 끊임없이 연구해야 한다. 이를테면 기업들은 고객의 이탈을 방지하기 위하여 VIP 고객에 대한 혜택을 점점 늘리고 있다. 마찬가지로 한번 VIP 고객이 된 사람은 그 혜택을 지키기 위하여 더 노력한다. 특히 해당 기업의 VIP 혜택이 다른 고객은 누릴 수 없는 경험이라면 계속 지키고 싶어 한다. 이것이 인간의 심리, 즉 나만이 특별한 대우를 받고 싶은 심리이다. VIP가 되기까지의 과정과 나를 알아주는 것은 그 자체로 기분 좋은 경험을 선사한다.

나는 특정한 영화관의 VIP 고객이다. 거의 매주 일요일마다 영화를 보기 때문에 한 달이면 적어도 4회, 많게는 5회 이상이 되기도 한다. 1년이면 약 48회 이상 해당 영화관을 간다. 물론 동반자가 있으니 사용하는 비용은 두세 배라고 보면 된다. VIP 고객으로 선정되기 전에는 몰랐던 혜택을 받아 보니 그 혜택을 계속 누리고 싶은 생각이 든다. 그렇기 때문에 다른 극장에는 가지 않는다. 이것이 나의 이탈을 방지하는 하나의 요소가 된 것이다.

단골은 이렇게 만들어진다. 기업과 고객과의 관계에 기반한 마케팅이 고객의 이탈을 방지하고 마니아층을 형성하는 하나의 요소가 된다. 고객이 바라는 것은 그렇게 큰 것이 아닐 수도 있다. 그냥 현재 당신 앞에 앉아 있는 고객에게 최선을 다하고 단골이 될 수 있도록 하면 된다. 그리고 단골이 되었을 때 그전에는 없던 혜택들을 하나씩 제공하면 된다. 물론 그 기준이 있어야 하며, 그 조건을 달성했을 때 반드시 혜택을 제공해야 한다. 사람은 무언가 새로운 것을 제공받지 못할 때 오는 섭섭함보다 누리던 것을 빼앗겼을 때 오는 상실감이 크다고 한다. 그래서 그 혜택을 잃지 않기 위해 노력하게 된다.

단골 고객이 단단하다면 비수기는 오지 않는다

비수기란 〈상품이나 서비스의 수요가 많지 않은 시기〉를 말한다. 모든 업종에는 비수기가 존재한다. 시원하고 맛있는 빙수를 판매하는 설빙과 같은 곳도 여름과 겨울에 성수기, 비수기가 갈린다. 미용업 중에서도 네일 미용업은 계절에 따른 비수기가 있다. 노출이 많은 여름은 성수기, 겨울은 비수기이다. 그렇다면 헤어숍에도 비수기가 있을까? 자꾸만 자라나는 머리는 계속 깎아야 하고 염색해야 하고 펌을 해야 하는데 말이다.

미용업에서 비수기는 서비스의 수요가 많지 않은 시기라고 볼 수 없다. 나는 〈고객 서비스의 질이 낮아져 고객이 이탈하기 시작한 시기〉라고 말하고 싶다. 비수기는 사업 초기의 간절함과 열정이 사라진 당신이 만들었을 가능성이 가장 크다. 단골을 넘어 마니아층을 형성하고 있다면 이런 비수기는 특별히 없다는 것이 나의 관점이다. 단골 고객을 단단히 하는 데 집중하자. 그렇다면 〈비수기〉는 당신에겐 없는 단어가 될 것이다.

세 가지 실천 팁

첫째, 아직 오지도 않은 고객을 위해 엄청난 광고를 하면서 비용과 에너지를 소비하지 말아라.

둘째, 단골 고객을 만들기 위해 다양한 마케팅 방법을 고민하자.

셋째, 단골 고객을 단단히 하는 데 힘쓰는 것이 비수기를 맞지 않는 길이다.

가치가 있다고 느끼면 반드시 산다

현대를 살아가는 젊은 소비자들은 자신이 느끼기에 가치가 있다고 생각하면 소비를 망설이지 않는다. 그들의 소비 행동은 〈자신의 수입〉을 기준으로 삼지 않고 〈자신이 느끼는 가치〉를 기준으로 삼는다. 이것이 기성세대와 다른 점이다. 일반 헤어숍보다 몇 배 비싼 키즈 전용 헤어숍을 이용하는 것도 이런 관점이다. 당신은 고객의 관점으로 어디에 가치를 둘 것인가 고민할 필요가 있다. 고객 관점으로 본다는 것은 실제로 고객이 되어야만 가능하다.

현대인은 의미를 부여한 가치 있는 소비에 돈을 아끼지 않는다

요즘 소비자들은 자신에게 의미가 있는 상품이라면 아무리 고가여도 서슴없이 지출을 한다. 같은 맥락으로 아무리 적은 돈을 지불한다고 하더라도 자신에게 가치가 없다고 느끼면 쉽게 지갑을 열지 않는다. 무조건 싸다고 잘 팔리고 비싸서 안 팔리는 것이 아니라는 얘기이다. 가치 있는 서비스를 제공하는 것이 고객의 지갑을 여는 방법이다.

현대를 살아가는 20~30대 젊은 소비자의 소비 행동은 〈소비의 양극화〉가 아니라 〈소비의 양면화〉 특성이 있다고 말하고 싶다. 서울대학교 김난도 교수팀은 『트렌드 코리아 2020』에서 이러한 현상을 〈멀티 페르소나〉라고 했다. 두 얼굴을 가진 로마 신화에 나오는 야누스에 빗대어 〈야누스 소비〉라고도 했다. 즉 〈소비자가 상황에 따라 가면을 바꾸어 쓰고 그 페르소나의 성격에 따라 가성비냐 프리미엄이냐가 결정된다는 것〉이다.

소비의 양극화란 소비 형태가 서로 달라지고 멀어지는 것을 말한다. 즉 사람에 따라 〈극과 극의 소비 행동을 보인다〉는 것이다. 경제력을 갖춘 소비자는 프리미엄 제품이나 서비스 등을 구매한다. 상대적으로 경제력이 낮아 인간의 기본적인 욕구 충족만 가능한 사람은 초저가 상품을 찾아 구매한다. 반면 소비의 양면화란 두 가지의 소비 형태가 한 사람에게 공존하는 것을 말한다. 마치 양면으로 쓸 수 있는 가면과 같다. 이는 1980~1990년대생 사이에 두드러지게 나타나는 현상이다.

나는 소모임으로 같은 분야에 있는 다섯 명의 원장 모임에 속해 있다. 지역도 제각각이다. 서울 한남동, 논현동, 경기 용인, 분당, 오산에 위치하고 있어 주로 강남에서 모인다. 지난 연말에는 송년회를 특별한 곳에서 하기로 했다. 우리가 선택한 곳은 대치동에 있는 퓨전 프랑스 레스토랑으로 100퍼센트 예약제로 운영하는 곳이다. 왜 지금 이 이야기를 하느냐고 질문할 수도 있겠다. 이곳의 음식값과 제공하는 음식, 서비스는 경험하기 전에는 생각할 수 없는 것이었기 때문이다.

음식값은 1인당 약 8만 원 정도로, 여기에 와인과 기타 사이드 메뉴를 주문한다면 1인당 12만 원 정도였다. 메뉴를 확인해 보니 코스가 상당히 많아서 괜찮을 것 같은 생각이 들었다. 레스토랑에서 음식이 나오면서 우리는 점점 입가에 웃음이 번졌다. 제공되는 음식은 음식이라기보다는 작품에 가까웠다. 나이프와 포크를 쓸 필요가 없을 정도로 아주아주 그 양이 적고 또 크기도 작았다. 코스 한 가지가 나올 때마다 직원은 음식의 재료와 만든 방법까지 상세히 설명해 주었다. 우리는 음식을 먹기 전에 그 직원의 설명을 듣고 나이프와 포크를 들어야 했다.

〈이 음식 관상용인가?〉라고 할 정도로 음식은 아름다웠다. 우리들은 음식이 나올 때마다 열심히 사진을 찍어 댔다. 이렇게 모든 코스를 다 먹은 후 포만감이 느껴졌을까? 일반적인 식사를 하던 사람이라면 이 코스요리를 모두 먹었다고 해도 절대 포만감이 느껴질 수 있는 양이 아니었다. 우리 다섯 명의 원장들도 마찬가지였다. 식사를 마치고 우리가 결제한 금액은 70만 원을 약간 웃도는 금액이었다. 〈다시 이 레스토랑을 이용할 의향이 있는가?〉라는 질문에 우리 중 과반수가 〈그렇다〉고 응답했다. 그날 식사의 콘셉트가 〈평소 이용하지 않는 곳에서의 경험〉이었다.

참고로 우리는 배를 채우기 위해 다시 카페 겸 베이커리로 자리를 옮겨 빵을 주문했다. 그럼에도 불구하고 기분이 나쁘지 않았다. 한 끼 식사였지만 마치 왕비와 귀족이 된 듯한 느낌으로 식사 대접을 받았기 때문이다. 이 레스토랑은 예약이 꽉 차 있었고 고객층은 거의 젊은 20~30대였다. 대부분 청혼, 생일 기념, 우리 같은 소모임과 비즈니스로 식사자리를 마련한 사람들이었다. 만남의 주목적이 〈식사〉라기보다는 대화나 어떤 〈목적을 달성〉해야 하는 사람들이 이용하는 것으로 보였다.

어떤 곳을 이용하려고 할 때 주요 목적이 무엇인가, 가치를 어디에 두는가에 따라 선택은 달라질 수 있다. 혼자 간단히 한 끼를 해결하고 싶을 때는 고급 레스토랑보다는 편의점 컵라면에 삼각 김밥을, 연인과의 근사한 데이트를 위하여 식사해야 할 때는 고급 레스토랑을 선택할 가능성이 훨씬 높다는 것이다. 이러한 소비 행동은 자신의 〈수입〉을 고려한 것이 아니라 〈소비의 가치〉를 고려한 행동이다.

키즈 전용 헤어숍이 잘되는 이유

아이들에게 헤어숍이라는 공간이 썩 유쾌하지만은 않다. 커트할 때 머리카락이 얼굴에 붙고 살을 찔러 따가울뿐더러, 보자기를 두르고 가만히 앉아 있는 것은 아이로선 여간 고통스러운 일이 아닐 수 없다. 우는 아이를 달래 가면서 자르느라 엄마, 아빠, 디자이너 세 명이 진땀을 뺀다. 아이의 커트를 보다 용이하게 스트레스 덜 받고 할 수 있는 곳만 있다면 커트비가 얼마가 되었든 이용하고 싶다는 것이 요즘 젊은 엄마, 아빠들의 관점이다. 남아를 둔 부모라면 매월 치러야 하는 이 고통을 즐거움으로 바꾸어 주고 싶을 것이다.

키즈 전용 헤어숍은 모든 것이 아이를 위한 공간으로 꾸며져 있다. 인테리어, 사용하는 소모품, 제품, 약제 등이 아이의 눈높이에 맞추어져 있다. 디자이너 또한 아이의 관점에서 시술하는 것을 교육받는다. 말이 통하지 않는 아이는 머리를 깎는 동안 다른 것에 관심을 가지도록 한다. 일반 헤어숍에서는 사실상 쉽지 않은 일이다. 모든 것이 어른의 기준에 맞추어져 있기 때문이다. 아이 한 명 커트하는 가격은 일반 헤어숍의 세 배에서 많게는 다섯 배까지 된다. 그래도 부모들은 기꺼이 지불할 의향이 있다. 머리 깎을 때마다 받는 스트레스를 상쇄시킬 수만 있다면 그 정도는 아깝지 않다는 생각이다.

고객의 관점이 아니라 고객이 되어 봐라

마케터들은 항상 고객의 관점에서 바라보고 생각하라고 말한다. 고객 관점으로 생각하면 물론 고객의 생각을 보다 잘 반영할 수 있을 것이다. 하지만 그것은 어디까지나 마케터가 바라본 고객의 관점일 뿐이다. 즉 고객은 아니라는 것이다. 진정한 고객의 관점은 당신이 직접 고객이 되어 경험해 보는 것이다. 벤치마킹하고 싶은 헤어숍이 있다면 당신이 직접 그 헤어숍을 이용해 보라. 고가의 서비스도 받아 본 사람이 제공할 수 있다. 한 번도 경험하지 않은 서비스를 제공하기란 매우 어렵다. 자기 헤어숍에서 서로 머리하지 말고 다른 헤어숍에 가서 경험해 보자!

사람들은 간혹 나에게 이렇게 질문한다. 「원장님의 머리는 누가 해 주나요?」, 「교수님은 혹시 커트를 직접 하시나요?」 결론부터 말하자면 나는 타 헤어숍을 이용하는 횟수가 더 많다. 많은 디자이너들이 서로 자신들의 헤어숍에서 머리를 한다. 미용에 대하여 너무도 잘 알고 있고, 제품의 원가에 대해서도 잘 알고 있기 때문이다. 몇십만 원씩 주고 타 헤어숍을 이용한다는 것을 아깝다고 생각한다. 이것은 잘못된 생각이다. 수업 중 학생들은 〈교수님~ 우리가 파마약값 다 아는데 헤어숍 가면 몇십만 원 나오잖아요. 아는 사람한테 가서 지인 할인을 받아도 10만~20만 원 되는데 너무 아까워요〉라고 말하곤 한다. 이럴 때 나는 다음과 같이 질문한다.

「제가 질문 하나 하겠습니다. 미용 수가는 약값인가요, 기술값인가요?」

당신의 생각은 어떠한가? 당연히 기술값이라고 대답했을 것이다. 내가 위와 같이 질문했을 때 99.9퍼센트가 기술값이라고 대답한다. 항상 머리를 할 때마다 타 헤어숍을 방문하라는 말이 아니다. 당신도 다른 헤어숍에서는 어떤 서비스를 제공하고 얼마만큼의 기술력을 가지고 있는지 경험해 볼 필요가 있다는 것이다. 타 헤어숍 이용하는 비용을 단순히 머리하는 비용이라고 생각하면 곤란하다. 관점을 바꾸자. 그 비용은 마케팅에 지출하는 미용이다. 보다 나은 서비스를 제공하기 위한 〈경험 비용〉이라고 생각하는 것이 옳다.

고객에게 가치 있는 서비스를 제공하고 싶다면 타 헤어숍과는 다른 가치를 찾아야 하지 않겠는가? 당신이 고객이 되어 이용해 보지 않는 이상 고객의 생각과 눈은 절대로 가질 수 없다. 고객 관점에서 생각하고 싶다면 고객이 되어 봐야 알 수 있다. 당신의 헤어숍을 이용할 때도 마찬가지이다. 당신이 쉬는 날 정당한 비용을 지불하고 고객으로 이용해 보라. 그래야만 볼 수 있다. 일하면서 느끼지 못했던 것들이 느껴지고 눈에 안 보였던 것들이 보인다.

앞의 질문에 한 단계 더 올라가 보겠다. 「미용 수가는 기술값인가, 다른 가치를 제공하는 값인가?」 당연히 후자여야 한다. 그래야 당신의 헤어숍은 특별한 헤어숍이 된다. 미용 기술 이외의 다른 가치란 당신이 만들어 가기 나름이다. 그것이 무엇이든 고객이 추구하는 가치와 맞아떨어진다면 당신의 헤어숍의 수가가 얼마이건 고객은 당신을 찾을 것이다. 이것이 양면적 소비 행동을 보이는 현대의 젊은이들을 단골 고객으로 만들 수 있는 비결이다.

현대를 살아가는 젊은 소비자의 소비 행동은 양면성을 띤다. 자신의 소비 행동에 의미를 부여하고 어떤 가치를 느끼느냐에 따라 과감한 소비를 하기도 한다. 이는 그들의 수입과는 관계없다. 그들은 그 시점의 콘셉트나 가치를 더 중요하게 여긴다. 당신의 헤어숍을 방문하는 것이 고객으로 하여금 기술력 이외의 가치가 있음을 느끼게 하자. 고객이 받아들일 수 있는 충분한 가치가 있을 때, 그들은 당신 헤어숍의 단골이 된다.

세 가지 실천 팁

첫째, 고객의 소비 행동에 의미를 부여할 수 있는 가치를 제
공해야 한다. 당신이 타기팅하는 고객이 초저가를 선호
하는 것이 아니라면 말이다.

둘째, 헤어숍의 미용 수가가 상대적으로 높다고 해도 고객
이 충분한 가치가 있다고 인정하면 단골이 된다.

셋째, 고객에게 가치 있는 서비스를 제공하고 싶다면 고객
의 관점에서 바라보는 시각을 가져야 한다. 당신이 다른
헤어숍의 고객이 되어 보라.

05 콘셉트의 법칙:
콘셉트가 분명한 헤어숍은 불황이 없다

역세권보다 슬세권

기차역, 전철역, 터미널 등이 인접한 지역을 역세권이라 하며 흔히 이들 상권이 좋다고 한다. 거리가 항상 사람들로 북적여 고객의 유입이 많기 때문이다. 그것은 곧 장사가 잘될 수 있는 호재라는 말도 된다. 하지만 지금은 꼭 그렇지만도 않다. 역세권은 권리금과 월세가 비쌀 뿐만 아니라 그만큼 경쟁도 치열하다. 최근 산책로가 있는 조용한 동네에 카페와 편의시설 등이 생기면서 팍세권(집 주변에 공원이 있는 환경을 말함), 슬세권(슬리퍼 끌고 다닐 수 있는 동네)과 같은 상권이 뜨고 있는 추세이다. 헤어숍을 오픈할 때 비용이 충분하지 않다면 동네 안쪽 상가에 독특한 콘셉트로 포지셔닝하는 것이 더 좋을 수 있다.

동네 안쪽 상가가 역세권보다 좋을 수 있다

비싼 역세권보다 동네 상권이 더 매력이 있다. 역세권의 화려한 인테리어와는 다르게 동네 외곽 상가들은 대부분 허름하고 오래된 건물들이 많다. 당신이 인테리어에 조금만 신경 써서 콘셉트를 잘 잡으면 오히려 소비자의 눈길을 끌 수 있다. 저비용 고효율의 실행 가능성이 있는 곳이 동네 상권이다. 동네 상권에도 좋은 상가, 좋은 위치는 분명 존재한다.

흔히 말하는 슬세권이란 집 근처 반경 500미터 이내에 있는 상권으로 슬리퍼를 끌고 다닐 수 있는 동네를 일컫는다. 휴일이나 퇴근 후 집 앞에서 간편한 복장으로 편하게 이용할 수 있는 장점이 있다. 최근 〈소확행(작지만 확실한 행복)〉을 즐기는 젊은이들이 늘면서 소비자의 행동반경이 동네로 축소되었다. 이러한 영향으로 집 근처 소비가 늘면서 동네 안쪽으로 카페거리가 형성되기도 하고, 공방이 생기기도 한다. 예전처럼 시내로 나가지 않더라도 내 집 근처에서 삶의 여유를 즐길 수 있게 된 것이다.

동네에서도 좋은 상가를 고르는 방법이 있다. 사람이 많이 왕래하는 슈퍼마켓 근처, 장사가 잘되는 편의점 옆이나 맞은편 등에 인테리어가 예쁜 헤어숍이 입점한다면 사람들이 한번씩은 호기심으로라도 방문할 것이다. 그 이후에 단골로 만들 수 있느냐 없느냐는 당신 몫이다. 그렇다면 편의점이 잘되는지 안 되는지 어떻게 파악할 것인가? 그것은 편의점 물건의 회전률을 보면 알 수 있다. 사업을 하는데 그 정도는 관찰해야 하지 않겠는가!

하루 종일 편의점 앞에서 관찰해 보자. 아침, 점심, 저녁, 평일과 주말 그 동네에서 식사를 해결하고 한 달 정도는 배회해 보자. 동네 사람들의 이동 경로를 파악할 수 있는, 가장 원초적이지만 정확한 방법이다(이 정도의 노력도 안 하면 사업을 하면 안 된다). 나는 2년 동안 거의 매일 매장 영업 마감 후 동네를 돌면서 상권의 흐름을 파악했다. 2년을 걸어서 돌아 보니 상권의 흐름이 보였다. 이 상권의 흐름은 내가 언제 매장을 오픈할 것인지, 다른 곳으로 이전할 것인지 파악할 수 있는 기준이 된다.

매장 안으로 들어가고 싶게끔

고객이 자기 발로 걸어서 당신 매장의 문을 열고 들어갈지 말지를 결정하는 것은 매장의 이미지이다. 사람만 첫인상이 중요한 것이 아니다. 가게도 첫인상이 중요하다. 밖에서 봤을 때 안으로 들어가고 싶은 생각이 드는 매장이 있는 반면 눈에 띄는 것조차 힘겨운 매장도 있다.

당신이 매장을 가지고 있다면, 안에만 있지 말고 밖으로 나와서 10미터 이상 떨어져 매장을 관찰해 보라. 어떤 느낌이 드는지, 지나가는 사람들이 어떻게 보고 지나가는지 말이다. 지나가던 사람이 0.1초라도 걸음을 멈추고 쳐다본다면 당신 매장의 첫 이미지는 나쁘지 않은 것이다.

오래전 두 번째 헤어숍인 2호점을 오픈할 때 가장 신경을 써서 디자인해 달라고 했던 부분이 파사드façade이다. 파사드는 고객이 열고 안으로 들어가는 문, 그리고 문과 그 주변, 간판 등 건물 외관을 말한다. 나는 입구를 들어가고 싶도록 예쁘게 만들어 달라고 했다. 매장의 외관을 포인트로 얼마나 잘 살리느냐가 매장의 성패를 좌우한다고 생각했다. 해당 매장은 시내도 아니고 완전 동네도 아닌 아주 어정쩡한 상권을 가진 곳이었다. 대로변 뒤쪽의 이면 도로에 있는 건물로 위치는 좋지 않았지만 1층 코너 부분이라 눈에 잘 띄는 장점은 있었다. 옆에는 마트와 카페가 있었다. 주변의 상가를 쭉 둘러보니 승산이 있겠다는 생각을 했다.

기존에는 여기가 헤어숍인지 나조차도 알 수 없었다. 상권도 많이 죽어 있는 상태였고 외관이 보호색을 띄고 있었다. 카멜레온도 아니고 그렇게 숨어 있으면 고객의 눈에 어떻게 띄겠는가! 그 안에 있는 사람도 의욕이라고는 찾아볼 수 없었다. 손님이 없을 때 소파에 누워서 TV를 보고 있기도 했다. 절대 헤어숍이 잘될 수 없는 구조였다. 이 헤어숍을 내가 인수한 것이다. 나는 전체적으로 고객과 직원의 동선을 고려해 리모델링했다. 오픈하고 3개월 만에 매출이 세 배 이상 올랐고 매장은 조금씩 자리를 잡아 갔다. 지금은 소정의 권리금만 받고 다시 매각했지만, 내가 학교에 적을 두고 있지만 않았더라도 열의를 가지고 사업을 더 키웠을 것이다.

동네에서 흔히 볼 수 없는 매장

현재 운영하고 있는 매장의 인테리어는 나의 소소한 행복을 반영하고 있다. 우리 매장을 인테리어할 때 사람들은 가로수길의 카페 같은 느낌이라고 했다. 인테리어 공부도 많이 했고 인테리어를 잘했다는 곳을 찾아다니며 발품도 많이 팔았다. 그렇게 오랜 시간 공들인 곳이 지금의 매장이다. 내 인생의 꿈을 이루는 순간이었기 때문에 〈소확행〉을 즐길 수 있는 곳으로 만들고 싶었다. 이 공간을 고객들과 공유하고 싶었다. 여기에서만큼은 여유로움과 소소한 행복을 느끼게 해주고 싶었다. 자연과 함께할 것, 커피향이 가득할 것, 고객과 친구처럼 마주 앉아 커피 한잔 할 수 있을 것, 이것이 나의 자연주의 콘셉트이다.

이 모든 것을 반영하여 만든 곳이 지금의 매장이다. 매장 전면과 후면에 모두 폴딩 도어를 설치하여 따뜻한 봄날에는 외부에서 머리를 하는 느낌이 들 정도이다. 우리 헤어숍의 카페존은 그냥 카페라고 해도 좋을 정도이다.

그리고 중요한 것은 헤어숍 인테리어는 헤어숍 인테리어를 많이 해 본 사람에게 부탁해야 한다는 점이다. 그래야만 최저비용으로 최고 효율을 올릴 수 있다. 친인척이라고 저렴하게 인테리어를 맡길 일이 아니다. 헤어숍은 다른 곳과 달라서 시스템과 동선을 잘 고려해야 한다. 헤어숍 인테리어 경험이 없는 사람은 헤어숍의 시스템과 동선을 모르기 때문에 돈만 낭비할 수 있다.

식당 인테리어를 주로 한 사람에게 독특한 콘셉트의 헤어숍 인테리어를 재현하라고 하면 가능할까? 절대 그렇지 않다. 지인이 혹은 친척이 인테리어 업체를 운영하고 있어서 싸게 해준다고 해도 헤어숍 인테리어 전문가가 아니라면 다시 생각해 보아야 한다. 식당 인테리어 백 번을 한 사람보다 헤어숍 인테리어 열 번을 한 사람이 매장의 효율을 훨씬 더 끌어올릴 수 있

다. 헤어숍 인테리어 전문이 아닌 지인에게 의뢰할 경우 처음에 견적이 싸게 나와서 비용을 아꼈다는 생각이 들 수 있다. 그러나 시공 결과가 엉뚱하게 나와서 다시 공사를 해야 하거나 일하기 불편한 헤어숍이 될 수 있다. 결과적으로 비용이 더 들어가는 상황이 생긴다.

나는 내가 인테리어에 적극적으로 참여했다. 헤어숍 카페존 벽에 있는 우리 로고 벽화는 내가 그린 것이기도 하다(우리 헤어숍 로고 등은 상표 등록이 되어 있다. 그 디자인도 내가 한 것이다). 오랫동안 준비하여 만든 곳이 지금의 매장이다. 그만큼 애정이 담긴 곳이기도 하다. 그런데도 불구하고 아쉬운 점이 남는다. 하물며 헤어숍을 처음 오픈하는 사람이라면 인테리어는 더더욱 전문가와 의논해야 한다. 전문가가 괜히 전문가이겠는가. 헤어숍 인테리어를 많이 해본 사람은 말이 잘 통하고 또 잘 알아듣는다. 소소한 것까지 설명하지 않아도 척하면 척이다. 돈을 가치 있게 쓰는 것이 잘 쓰는 것이다.

당신이 가진 돈이 한정되어 있다면 상가를 임대할 때 무조건 시내 상권을 고집할 필요는 없다. 역세권보다 동네 상권이 콘셉트만 잘 잡으면 더 안정적일 수 있다. 시내 상권은 임대료뿐만 아니라 권리금도 비싸게 형성되어 있기 때문에 상대적으로 리스크가 크다. 동네 상권에서 인테리어에 조금만 신경을 쓴다면 오히려 고객의 눈에 더 잘 띌 수 있다. 동네에서 흔히 볼 수 없는 매장으로 만들어라. 그것이 콘셉팅이다. 최근의 고객은 휴일이나 퇴근 후 집 앞에서 간편한 복장으로 편하게 이용할 수 있는 곳을 더 선호한다.

세 가지 실천 팁

첫째, 역세권만 고집하지 말자. 동네 상권도 충분히 승산이 있다.

둘째, 고객이 매장 안으로 문 열고 들어가고 싶도록 만들어라.

셋째, 동네에서 흔히 볼 수 없는 매장으로 만들어라.

자신의 매력을 콘셉트로 발전시켜라

자기만의 매력이 무엇인지 생각해 보자. 가장 잘할 수 있는
것을 생각해 보고 그것을 당신만의 콘셉트로 삼아 보자. 콘
셉트 없는 매장은 앙꼬 없는 찐빵과 같다. 당신이 가고 싶은
위치에 누가 이미 가 있다면 그 사람을 벤치마킹해 보자. 반
드시 동종 업계 사람일 필요는 없다.

자기만의 매력이 무엇인지 정확히 파악하자

사람은 누구나 자기만의 매력이 있다. 외모적인 것일 수도
있고 내면적인 것일 수도 있다. 무엇이 되었든 자기만의 매력
이 무엇인지 정확히 파악하고 그것을 콘셉트로 만드는 것이
중요하다. 키가 작다고 고민할 필요가 없다. 작은 키를 매력으
로 승화시켜, 오히려 귀여움을 콘셉트로 만들 수도 있다. 책 읽
기를 좋아하는 사람은 헤어숍을 도서관처럼 꾸며도 좋다. 자
기가 가장 잘할 수 있는 것을 생각해 보고 그것을 콘셉팅하는
것이 가장 좋고 어색하지 않다.

모든 헤어숍에는 향기가 있다. 그 헤어숍의 원장에 따라 전체적인 분위기가 결정된다고 할 수 있다. 원장의 성향, 교육 수준, 관심사 등에 따라 헤어숍의 직원과 고객의 성향도 비슷해진다. 예전에 운영했던 헤어숍에는 대기 공간 한쪽에 독서존이 있었다. 가볍게 읽을 수 있는 수필집이나 시집, 그 시대 가장 인기 있는 만화책 등을 구비해 놓았다. 일종의 〈책 읽는 헤어숍〉 콘셉트였다.

사실 아이들의 경우 헤어숍에 가는 것을 생각보다 싫어하는 경향이 있다. 엄마의 손에 이끌려 할 수 없이 오는 경우가 대부분이다. 그런데도 유독 우리 헤어숍은 군소리 없이 잘 따라 나선다고 했다. 만화책 시리즈를 보는 재미 때문에 기다리는 데 지루함이 없다는 것이다. 매월 월간지를 구매할 때 같이 구매한 만화책이 가족 단위의 고객이 많았던 우리 매장에 좋은 마케팅 효과를 가져 온 셈이다.

내가 주로 이용하는 정육점이 있다. 젊은 남자가 운영하는 곳으로, 바로 집 앞에 위치하고 있어서 길만 건너면 된다. 사장이 젊다 보니 취미도 남달랐다. 매장 안에 자신이 좋아하는 피규어를 장식해 놓은 것이다. 정육점의 일반적인 이미지를 떠올려 보자. 쇠고리에 고기도 마구 걸려 있고 큰 칼과 기계를 사용하여 뼈를 잘라 내기도 한다. 어떻게 보면 살벌한 이 공간을 피규어가 정감 있게 만들고 있었다.

고객은 고기를 주문하고 주인이 손질하는 동안 기다려야 하는데 보통 서서 안쪽을 보게 된다. 어디 한군데 엉덩이를 걸치기도 살벌하고 왠지 앉아 있어도 좌불안석인 곳이 일반적인 정육점의 풍경이다. 그러나 이 매장에는 피규어를 구경하는 재미가 있다. 젊은 사장은 자신의 유일한 취미라며 피규어를 늘려 가는 재미가 쏠쏠하다고 뿌듯한 표정으로 이야기하기도 한다. 자신이 좋아하는 것을 즐기면서 매장의 콘셉트로 승화시킨 사례이다.

콘셉트 놀이는 놀이 문화로 자리 잡았다

콘셉트 놀이는 하나의 문화로 자리 잡았다. SNS가 대중화하면서 자신의 일상을 만인에게 내보이는 것을 즐기는 것이 일상이 되었다. 옛 교복을 입거나 민속촌에 한복을 입고 놀러 가는 등 특정한 시대의 복장과 배경으로 자신의 사진을 SNS에 올리는 것은 새로운 문화를 즐기는 놀이이다. 이제는 매장을 자기만의 색깔로 만들어야 고객이 방문한다. 아무런 매력도 재미도 없는 매장은 고객의 발길을 잡아 두기 어렵다.

예를 들어, 2011년도에 런칭한 〈봉구비어〉라는 브랜드는 1970~80년대 부산을 연상시키는 스몰비어 콘셉트이다. 봉구비어의 캐릭터는 그 시대 퇴근하는 우리의 아버지를 연상케 한다. 매장에 쓰여 있는 글은 모두 부산 사투리로 되어 있고 사용하는 도구도 80년대 시골의 작은 술집을 연상케 한다. 또한 80년대 문방구에서 팔았던 느낌의 공책을 각 테이블에 놓아 두어 자신의 이야기를 남길 수 있도록 했다. 치즈스틱을 잘라먹는 가위도 문방구 가위를 사용한다. 메뉴는 양을 적게 하고 가

격을 획기적으로 내려 퇴근길에 쉽게 한잔하고 갈 수 있도록
했다. 이런 콘셉트는 20~30대에 입소문으로 빠르게 확산해 런
칭 10개월 만에 100호점을 오픈하기에 이르렀다.

최근 출시된 〈진로이즈백〉은 뉴트로(New+Retro)의 물살을
타고 과거를 현대적으로 재해석한 콘셉트의 소주이다. 이 술
병 디자인은 1970년대 출시된 소주 〈진로〉를 연상케 한다. 마
케터는 이 제품을 출시할 때 〈70년대 아버지들의 회상〉이라는
콘셉트로 출시했다고 한다. 예상은 이것을 뒤엎고 오히려 젊
은 20~30대에서 돌풍을 일으키며 출시 몇 달 만에 생산량이
1000만 병을 넘겼다. 이렇듯 특정 콘셉트는 예상에도 없던 젊
은 층의 유입을 확산시키기도 한다. 이제 마케팅하지 말고 콘
셉팅하라! 그것이 21세기 현재를 살아가는 경쟁력이다.

타 업종을 벤치마킹하라

우리는 사업을 하면서 벤치마킹을 잘 하라는 애기를 많이
듣는다. 벤치마킹을 잘 하는 사람이 사업에 성공할 수 있고 콘
셉팅도 잘한다. 자신이 가고 싶은 위치에 어떤 사람이 가 있다
면 그 사람을 벤치마킹해 보자. 남들과 똑같이 해서는 절대 그
위치에 갈 수 없다. 자신의 경쟁력을 높이기 위해서는 그 위치
에 가 있는 사람이 가진 성공적인 혁신 기법을 배워야 한다. 그
리고 자신에게 맞는 방법으로 적절하게 적용해야 한다.

중앙대학교 경제학부 이한영 교수에 따르면 〈벤치마킹Bench
marking〉이란 기술이 부족했던 과거 토목 공사에서 건축물의

높이를 측정하기 위해 세워 두었던 막대에서 유래한 용어라고 한다. 이 막대에 표시한 기준점을 〈벤치마크Bench mark〉라고 하는데 〈벤치마킹〉이라는 말은 원래 용도가 어떻든 어떤 대상을 참고하는 것을 말한다. 이것은 모방이나 카피와는 다른 개념으로, 자신의 상황에 맞게 적절한 방법으로 적용하여 활용하는 것이다.

벤치마킹을 하기 위해서는 자신의 강점과 약점, 자신이 처해 있는 내부 환경과 외부 환경을 잘 파악해야 한다. 그리고 이것이 자신에게 기회가 될 것인지 위협 요소로 작용할 것인지 파악하는 것도 중요하다. 경영학에서는 이것을 〈SWOT(강점 Strength, 약점Weakness, 기회Opportunities, 위협Threats) 분석〉이라고 한다. 즉 자신이 가장 잘할 수 있는 것에 집중하되, 나아갈 방향을 SWOT 분석을 통해 결정하라는 것이다. 그것이 벤치마킹을 성공적으로 이끌 것이다.

벤치마킹을 꼭 당신의 동종 업계에서 해야 한다는 생각은 버리자. 타 업종에서 힌트를 얻는 것이 훨씬 획기적일 수 있다. 같은 업종에서 이미 하고 있는 것을 벤치마킹하기보다는 타 업종에서 아이디어를 얻는 것이 경쟁력을 얻는 방법일 수 있다. 업종의 특성이 다른 만큼 창의적인 발상을 가능케 하고, 좋은 결과를 만들어 낼 가능성이 높기 때문이다.

세 가지 실전 팁

첫째, 자기만의 매력이나 자신이 가장 잘할 수 있는 것이 무엇인지 정확히 파악하자.

둘째, 자신의 장점을 콘셉팅 하라! 남들과 다르게 할 수 있는 방법이다.

셋째, 이미 성공한 사람이 있다면 벤치마킹하라. 업종을 미용업에 국한할 필요는 없다.

환경을 소중하게 생각합니다

우리는 필(必) 환경 시대에 놓여 있다. 기업이든 소비자이든 환경 오염을 최소화할 수 있는 제품을 생산하고 소비해야 한다. 자연 환경과 인체에 무해한 좋은 제품을 생산하는 기업을 소비자는 따를 것이다. 반면 소비자를 속이면서 이익 창출을 도모하는 기업은 외면당한다. 말로만 친환경이 아닌 진정성을 가지고 실천해야 한다. 소비자의 응징은 무섭다. 당신의 고객이 마음 편히 이용할 수 있는 헤어숍을 만드는 것이 단골 고객에게 보답하는 길이다.

친(親)환경 시대를 넘어 필(必)환경 시대로

몇 년 전까지만 해도 기업들은 자신들이 자연 친화적인 제품을 생산한다는 것을 친환경이라는 말로 광고나 홍보를 했다. 이것은 말 그대로 소비자들에게 〈자연 환경과 친한〉이라는 의미로 받아들여졌다. 지금은 친환경을 넘어 필환경, 즉 반드시 자연 환경을 생각한 제품을 만들거나 소비해야 하는 시대이다. 앞으로 자연을 훼손하거나 인체에 유해한 제품을 만드는 기업은 한국 사회에서 살아남을 수 없다. 이런 점에서 헤어숍 또한 자연 환경과 인체에 친화적인 제품을 사용하는 매장은 고객들의 지속적인 방문을 이끌어 낼 수 있다.

언젠가부터 편리하다는 이유로 일회용품의 사용이 점점 늘어 지금은 일회용품 없이는 못 사는 시대가 되었다. 기업들은 보다 저렴한 제품을 공급하기 위해 값싼 소재를 개발해 쉽게 쓰고 버릴 수 있는 물건을 만들었다. 소비자들의 선택은 그야말로 절대적이라고 할 정도로 폭발적이었다. 이렇게 일회용품이 일반화되고 값싼 물건들이 넘쳐나면서 쉽게 사서 사용하다가 쉽게 버리는 소비 습관이 만연해졌다. 모두 인간의 편리성만을 생각한 제조와 소비 행동이라고 볼 수 있다. 우리나라 어느 시골 마을에는 아직도 쓰레기 산이 몇 년째 불타고 있어 유독 가스 때문에 주민들이 엄청난 고통을 호소하고 있다.

환경오염이 어느 때보다 심각한 현 시점에 소비자들은 이러한 기업의 장단을 맞추지 않기로 했다. 의식 있는 젊은이들이 앞장서서 자연환경을 보호하고 개선하는 운동에 동참하고, 북극곰을 살리자는 캠페인에 나서기도 한다. 홍대와 같은 번화가를 돌면서 버려진 일회용 컵을 수거하여 해당 매장에 되돌려주는 캠페인에 동참하기도 했다. 무분별한 일회용품의 사용은 국가에서도 그 심각성을 인지하여 2018년부터 〈식품접객업〉을 하는 업장 안에서는 일회용 컵 사용을 금지하는 법안을 시행하고 있다.

이제 우리의 고객은 아무 제품이나 값이 싸다고 함부로 사용하지 않는다. 조금 불편하고 비용이 더 들더라도 친환경 제품을 선호한다. 헤어숍에서 사용하는 펌제나 염모제와 같은 화학제품은 특히 환경오염에 영향을 미친다. 강한 독성을 가진 화학 성분을 사용한 제품은 고객뿐만 아니라 헤어 디자이너의 몸도 병들게 할 수 있다. 가장 많이 사용하는 샴푸제는 샴푸를 많이 하는 인턴들의 피부를 엉망으로 만든다. 매장에서 사용하는 제품은 친환경 제품을 골라 사용하는 것이 우리 모두에게 좋은 영향을 미친다.

우리 매장의 슬로건은 〈아름다움에 건강함을 담다〉이다. 매장에서 사용하는 샴푸제는 유기농 제품을 기본으로 한다. 모든 고객에게 좋은 제품을 사용하여 시술한다는 것이 원칙이다. 이러한 나의 노력은 고객들이 더 잘 알고 기억한다. 직원과 고객의 피부를 먼저 생각해 주는 헤어숍이라는 신뢰를 얻게 된 것이다.

말로만 친환경이 아닌 진정한 친환경

콘셉트만 친환경이라고 하고 실제 사용하는 제품이 다르다면 그것은 고객을 속이는 행위다. 절대 하지 말아야 할 행동이다. 현대의 고객은 똑똑하다. 정보의 바다에서 모든 것을 섭렵하여 우리보다 더 잘 알고 더 잘 소문낸다. 고객에게 진정성을 가지고 친환경 제품을 사용한다는 것을 충분히 어필해 보자. 거기에 고객도 동참해 주기를 호소해 보자. 다 같이 환경을 생각하자는 당신의 말에서 진정성이 느껴진다면 고객도 기꺼이 동참할 것이다.

초기 콘셉팅할 때 홍보 효과를 누리기 위한 일회성으로 하지 말고 지속적이고 일관되게 실행해야 한다. 미용 제품을 만드는 회사에서도 일찍부터 친환경 펌제 개발에 몰두해 왔다. 이러한 제품은 일명 〈임산부펌〉이라는 명칭으로 시장에 포지셔닝했다. 임산부는 펌이나 염색을 하지 않는 것이 원칙이다. 그러나 거꾸로 임산부가 할 수 있는 펌이라면 그 누가 해도 문제가 없다는 말도 된다. 실제로 이 펌제의 성분들 중에는 제주 감귤, 미역, 밀, 사탕수수, 감 등, 우리가 평소에 먹어도 되는 것들로 이루어져 있다. 실제 교육장에서 강사가 이 재료를 혼합하기 전에 찻숟가락으로 한 스푼 떠먹는 퍼포먼스를 보이기도 했다.

이런 제품이 출시되기 전부터 우리 헤어숍에서는 펌제에 밀이나 녹차 가루, 미역, 다시마 등과 같이 머리카락에 좋은 유효 성분을 혼합해서 사용하기도 했다. 샴푸제 또한 유기농 제품이고, 그 제품을 담는 용기도 생분해성을 사용한다. 〈내용물을 모두 사용 후 빈 용기를 땅에 묻으면 용기는 분해되고 그 안에 들어 있는 씨앗에서 싹이 나고 나무가 자란다〉고 업체는 설명한다. 고객들에게 성분에 대해 특별히 말하지 않았지만, 다음과 같은 말을 많이 들었다.

이 헤어숍에서 펌을 하고 가면 고약한 냄새가 안 나서 좋아요. 다른 헤어숍에서 펌을 하면 그 냄새가 오랫동안 안 없어지거든요. 약을 좋은 것을 쓰시나 봐요.

고객은 그동안 수많은 염색과 펌을 해왔기 때문에 좋은 것을 금방 알아차릴 수 있다. 원가는 고객에게 쓰는 제품이 아닌 다른 데서 절약해야 한다. 콘셉트를 〈자연주의〉, 〈웰빙〉, 〈네이처〉, 〈천연〉, 〈유기농〉 등으로 정했다면 매장에서 사용하는 모든 것을 거기에 맞추어야 한다. 그래야 진정성 있는 메시지가 전달된다. 말로만 친환경 제품을 사용하는 것이 아니라 친환경 제품 사용을 실천으로 보여 주어야 한다.

나아가 우리는 자연 친화적인 제품을 사용하는 데 그치지 않고 자연으로 돌아가는 제품을 사용해야 한다. 이것이 지속 가능한 지구를 만드는 일에 동참하는 일이며 단골 고객을 위한 하나의 배려인 것이다. 고객은 착한 기업, 악덕 기업에 대한 선호가 분명하다. 잠깐의 눈속임은 통하지 않는다. 말로만이 아니라 진정성을 가지고 친환경을 몸소 실천해야 한다.

세 가지 실천 팁

첫째, 이제는 친환경을 넘어 필환경 시대이다. 자연을 지키는 일에 동참하자.

둘째, 자연 친화적인 제품의 사용으로 착한 헤어숍이 되어 보자.

셋째, 말로만이 아니라 친환경을 실천해야 한다.

좋은 느낌을 주는 공간이 기억에 남는다

매장의 분위기는 사람의 마음을 움직여 매출의 상승 효과를 가져올 수 있다. 매장의 분위기를 좌우하는 물리적 환경에 따라 고객은 머물고 싶은 마음이 생기기도, 빨리 벗어나고 싶은 마음이 생기기도 한다. 당신의 매장을 향기 있는 매장으로 만들어 보라. 사람은 첫 번째 향기가 가장 기억에 오래 남는다고 한다. 매장 입구에서 맡게 되는 첫 번째 향기에 신경 써야 하는 이유이다. 그리고 고객이 머무는 동안 듣게 되는 음악에도 신경 써야 한다. 당신이 좋아하는 음악을 틀어 놓아서는 안 된다. 매장의 콘셉트에 맞는 것을 선택해야 한다.

공간이 주는 효과, 사람의 마음을 움직인다

미국의 로저 울리히Roser Ulrich 박사는 1971년부터 1982년까지 10여 년 동안 한 병원에서 담낭 제거 수술을 받은 46명의 환자를 관찰했다. 23명의 병실은 창밖에 나무가 보이는 풍경이었고, 23명은 건물의 돌담이 보이는 풍경이었다. 환자들이 바라보는 창밖의 이런 풍경은 두 집단에서 상이한 결과를 가져왔다. 작은 숲이 보이는 쪽의 환자들이 진통제를 복용하는 횟수나 양이 더 적었고, 더 빠른 회복을 보였다. 그 결과 평균 24시간 먼저 퇴원했다고 한다.

환경을 연구하는 많은 심리학자는 사람이 머무는 공간이나 눈에 보이는 공간이 심리에 큰 영향을 미친다고 말한다. 사람은 자연과 함께할 때, 행복감을 느끼게 하는 세로토닌이 많이 분비되고 스트레스 호르몬인 코르티졸의 분비는 저하된다고 한다. 공간이 사람에게 주는 효과는 우리가 상상하는 것 그 이상이다.

헤어숍 역시 매장의 물리적 환경은 매우 중요하다. 고객을 맞이하는 매장의 분위기로 〈이 매장에서 근무하는 헤어 디자이너는 실력이 좋겠구나!〉라는 무언의 메시지를 전달할 수 있다. 분위기는 매장 밖에서 보이는 파사드, 인테리어, 향기, 음악 등과 같은 것으로 설명할 수 있다. 이러한 매장 분위기에 따라 고객은 본인이 계획했던 것보다 더 많은 지출을 한다는 연구 결과가 있다. 즉 매장의 분위기는 고객의 감정과 소비 행동에 영향을 미친다고 할 수 있다. 이는 헤어숍의 매출 증가나 감소를 가져올 수 있는 요소로 작용한다.

영국의 심리학자 로버트 도너번Robert Donovan 등의 연구에 따르면, 매장의 분위기가 고객에게 긍정적인 영향을 줄 때 더 많은 시간 머물면서 관계를 맺는 경향이 증가한다. 반면 불쾌함 등 부정적인 영향을 미치는 경우 고객은 그곳을 빨리 벗어나려고 한다. 일반적으로 고객이 헤어숍에서 머무르는 시간은 최소 30분에서 길게는 3시간 이상이다. 비교적 긴 시간이기 때문에 마음이 편안한 공간으로 만들어야 고객이 지루함을 느끼지 않는다. 매장의 분위기가 좋아야 디자이너의 제안도 긍정적으로 받아들이기 쉽다.

향기 나는 매장은 고객의 발길이 끊이지 않는다

〈현대 마케팅의 아버지〉라 불리는 미국의 경영학자 필립 코틀러Philip Kotler는 경쟁 상대가 증가하고 제품과 비용 면에서 경쟁사 간의 차이가 감소할수록 매장의 분위기가 더 중요해진다고 했다. 매장의 분위기는 인테리어와 같은 시각적인 것에 한정되지 않는다. 향기 역시 중요한 요소이다. 향기가 나는 매장에 고객이 더 자주 찾는다고 한다. 그 매장에서 구매한 제품을 향기가 없는 매장에서 구매한 것보다 더 품질이 좋은 것으로 생각한다는 것이다. 이처럼 향기가 좋은 매장에서의 경험은 그렇지 않은 경우보다 훨씬 긍정적인 반응을 불러온다.

사람들은 어떤 공간에 들어섰을 때 맡는 첫 번째 향기를 오래 기억한다. 인간의 뇌는 향기 나는 매장에서의 경험이 유쾌했을 경우 그 향기와 유쾌했던 감정을 연결시켜 기억한다. 길거리에서 우연히 향기를 맡았을 때 자신도 모르는 사이에 예전 매장에서의 유쾌했던 기억이 떠오른다는 연구 결과가 있다. 이러한 연구를 토대로 기업들은 매장의 향기와 고객의 감정을 연결하는 방식을 마케팅에 적극적으로 활용하고 있다.

이화여대 심리학과 양윤 교수는 바닐라 아이스크림이 전체 아이스크림 판매량의 절반을 차지하는 이유에 대하여 다음과 같이 언급하고 있다.

바닐라 향은 엄마의 모유와 비슷한 느낌이 든다. 소비자가 무의식 중에 바닐라 향 아이스크림에 친근감을 느끼는 것은 엄마에 대한 좋은 느낌 때문이다.

일반인들이 화장품이나 샴푸 등을 구매할 때 가장 먼저 하는 행동이 무엇일까? 뚜껑을 열고 향을 맡아 보는 행동이다. 일반적으로 소비자들은 향이 마음에 들었을 경우 제품을 구매할지 말지를 고려한다. 아무리 품질이 우수하여도 향이 마음에 들지 않으면 구매를 꺼린다. 이것이 한방 화장품이 처음에 시장에 출시되었을 때 판매량이 저조했던 이유이다. 제품이 피부에 좋은 것은 알겠으나 약재 냄새 때문에 사용을 꺼린 것이다.

매장에 처음 고객이 들어섰을 때의 향기는 그 매장을 좋은 이미지로 기억하게 하는 가장 첫 번째 요소이다. 인간이 느끼는 첫인상은 80퍼센트 이상이 시각과 청각에 의한다고 하지만, 브랜드의 이미지를 오랫동안 기억하게 하는 것은 시청각보다 후각이다. 후각은 장기 기억이기 때문이다. 매장에서 펌제나 염모제 냄새 대신 좋은 향이 나도록 하자. 매장 입구에 고객이 들어섰을 때 첫 번째 맡는 향을 말한다. 호불호가 갈리지 않는 향으로는 커피향이 가장 좋다. 커피향을 싫어하는 사람은 별로 없다는 것이 나의 생각이다.

음악은 당신 매장의 분위기를 결정한다

매장의 분위기를 결정하는 또 하나의 물리적 요소는 바로 음악이다. 요즘은 헤어숍도 대부분 음악을 틀고 있다. 스피커를 통해 흘러나오는 음악이 어떤 종류의 음악이냐에 따라 매장의 분위기가 결정된다. 사람들은 인지하지 못하지만, 많은 연구는 음악에 따라 사람들의 행동이 바뀐다는 것을 보여 주고 있다.

미국의 마케팅 저널에 실린 로널드 밀리먼Ronald Milliman의 연구 결과에 따르면, 슈퍼마켓에 흘러나오는 음악에 따라 고객들의 쇼핑 행동이 달라졌다. 이 실험은 9주 동안 음악이 없는 환경, 느린 음악, 빠른 음악의 세 가지 상태에서 고객들에게 쇼핑을 하게 했다. 사람들은 빠른 음악이 나왔을 때는 더 빠르게 걸었으며, 느린 음악이 나왔을 때는 더 느리게 걸었다. 뿐만 아니라 느린 음악의 상태에서는 보통 평균보다 38퍼센트 더 많이 구매하는 결과를 보였다고 한다. 느린 음악은 고객이 매장에 머무르는 시간을 더 길게 하여 구매를 촉진시키는 역할을 한 것으로 보인다.

이러한 심리적 반응은 언제 어디서든 작동한다. 운전할 때 템포가 빠른 음악을 들으면서 운전하는 경우에는 그렇지 않은 경우보다 과속할 확률이 더 높다는 연구 결과도 있다. 매장

의 콘셉트에 따라 적절한 음악을 선택하는 것은 마케팅의 필수 요소이다. 자신이 좋아하는 음악을 틀어놓는 것이 아니라는 것을 명심하여야 한다. 헤어숍과 같은 공간에서 템포가 빠른 음악을 선택하는 것은 빨리 고객을 내보내고 싶다는 의미이다.

〈고급화〉를 추구하고 있는 우리 매장에서는 항상 클래식을 틀도록 하고 있다(실제로 어느 와인 매장의 한 연구에서는 최신가요를 틀었을 때보다 클래식 음악을 틀었을 때 더 비싼 것을 구매했다는 연구 결과가 있다). 이런 정책은 전체적인 매장의 콘셉트를 고려한 마케팅의 일환이다. 직원들은 항상 불만이 많았다. 「클래식 음악 때문에 졸려요」, 「일하는 데 흥이 안나요」. 왜 매일 클래식만 틀어야 하느냐며 볼멘소리를 했다. 예전 프랜차이즈 매장을 운영할 때의 일이다. 내가 자리를 비운 사이에 자신들이 좋아하는 음악을 틀고 있었다. 그 음악은 이별 노래였다. 음악이 심금을 울려 가슴에 와닿는다는 이유로 듣고 싶었다고 한다. 어디서부터 어떻게 설명을 해주어야 할지 답답했다.

음악의 선택은 해당 매장의 콘셉트와 일치했을 때 최상의 결과를 가져온다는 것을 꼭 기억하길 바란다. 백화점에서는 각 층마다, 또한 시간대에 따라 흘러나오는 음악이 다르다. 신선 매장과 같은 공간에서는 경쾌하면서도 중간중간 새의 지저귀는 소리, 물 흐르는 소리 등 자연의 소리를 첨가하여 채소나 과일의 신선함을 강조한 음악이 나온다. 오래 머무르면서 천천히 살펴보아야 하는 의류 매장과 같은 공간에는 느리고 잔잔한 클래식 음악이 나온다. 또한 오전 시간에는 템포가 느린 음악, 오후 마감이 임박한 시간에는 템포가 빠른 음악을 선정한다. 이것이 아무 생각 없이 고른 것이 아니라 모두 마케팅의 일환으로 활용한 것이라는 점을 기억하길 바란다.

헤어숍은 고객이 빨리 매장을 나가야 하는 곳이 아니라 오랫동안 머무르면서 디자이너인 당신이 옵션을 걸어야 하는 곳이다. 나는 펌이나 염색 등 시술이 많은 평일 오전과 같은 시간대에는 클래식으로 고객의 마음을 편안하게 하고, 저녁 퇴근 시간이나 주말 커트 고객이 많은 시간대에는 약간 경쾌한 음악을 틀어 놓도록 했다. 이러한 환경에 노출된 고객은 무의식 중에 자신이 음악에 따라 행동하고 있다는 것은 인지하지 못한다. 머무르면서 듣게 되는 음악을 잘 선택하는 것이 당신의 매장 매출에 지대한 영향을 미친다는 것을 알아야 한다. 음악은 헤어 디자이너가 좋아하는 것을 틀어놓는 것이 아니라 매장의 콘셉트에 따라, 목적에 맞게 틀어야 한다.

(나는 프랜차이즈 형태의 한 피부관리샵에서 라디오를 틀어 놓은 경우를 경험한 적이 있다. 편안하게 휴식을 취하고 싶은 공간에서 클래식이 아닌 라디오를 선택한 것은 아주 좋지 않다. 자신의 매장이 저가를 추구하는 곳이 아니라면 지양해야 할 행동이다. 피부관리샵에서 라디오를 선택한 것은 저가숍이라고 해도 납득하기 힘들었다.)

세 가지 실천 팁

첫째, 매장의 분위기를 자연 친화적 환경으로 만들어 분위기를 편안하게 하자.

둘째, 고객은 첫 번째 맡는 향기를 오래 기억한다. 고객이 매장에 들어섰을 때 맡게 되는 첫 번째 향기에 신경 쓰자.

셋째, 매장에서 흘러나오는 음악이 매장의 분위기를 결정한다. 저가를 추구하는 매장이 아니라면 템포가 빠른 가요는 권장하지 않는다.

사진 찍고 싶은 헤어숍

헤어숍이라는 공간을 다양한 테마가 있는 곳으로 만들어 보자. 요즘 젊은이들은 독특하거나 예쁘거나 특별함이 느껴지면 카메라 어플부터 연다. 고객이 사진을 찍고 싶게 만드는 것은 매장을 자연스럽게 홍보하는 일이 된다. 자신의 헤어숍에 핫존이 있는지 생각해 보자. 없다면 지금 어디에 핫존을 만들 수 있을지 고민해 볼 필요가 있다.

테마가 있는 공간 만들기

헤어숍을 단순히 머리만 하고 돌아가는 곳이 아니라 테마가 있는 곳으로 만들어 보자. 고객이 대기하는 공간을 다양하게 꾸며 보는 것도 좋다. 대기하는 동안 고객의 눈에 들어오는 모든 것을 사진으로 찍고 싶게끔 만드는 것이 포인트이다. 포토존을 따로 만들어도 좋다. 독특한 곳, 예쁜 소품이 있는 곳, 사진발이 좋은 곳 등 테마가 있는 공간은 저절로 셔터를 누르고 싶게 만든다. 당신이 일일이 고객의 사진을 찍어 SNS에 올릴 필요도 없다. 고객이 당신의 공간에서 찍은 사진을 자신의 SNS에 올릴 것이다. 이것이 자연스러운 바이럴 마케팅이다 (Viral marketing, 고객의 입소문으로 상품을 알리는 마케팅 기법. 공급자의 관여 없이 소비자가 자발적으로 참여하기 때문에 고객 설득력이 더 높다. 특히 서비스 제공자가 아닌 고객의 입장에서 홍보하면 다른 소비자에게 더 큰 신뢰를 확보할 수 있다).

헤어숍은 셀카를 찍을 이유를 만들어 주는 최적화된 곳이다. 연예인들이 촬영하기 전에 반드시 들르는 곳 역시 헤어숍 아닌가! 카메라 앞에 서기 전에 자신을 단장하는 곳이 바로 헤어숍이다. 지저분하고 부스스한 모습으로 들어와서 멋지고 아름답게 변신한 자신을 카메라에 담고 싶을 것이다. 이것을 생각으로 그치게 하지 말고 행동으로 옮기게 하면 된다. 여러분은 스타일링이 끝난 뒤 고객으로부터 다음과 같은 말을 종종 들었을 것이다.

「오늘은 어디 근사한 곳에 가서 차라도 한잔 해야겠네요.」
「머리를 너무 예쁘게 해주셔서 데이트라도 하고 싶네요.」
「약속도 없는데 머리가 너무 예뻐서 어디라도 가야겠어요.」

스타일링을 마치고 나서 〈아름답게 변신한 머리로 그냥 집으로 들어가기 아쉽다〉라는 의미이다. 만약 이럴 때 매장에 사진을 찍을 수 있는 공간이 있다면 거기서 사진을 찍고 자신의 SNS에 올릴 것이 아닌가! 매장에서 사진을 찍을 수 있는 공간을 꼭 만들기를 권한다. 인테리어를 하기 전에 콘셉트를 잘 잡아서 하나의 테마를 가지고 만들어도 좋고, 대기 공간을 분리해 몇 개의 테마를 만들어도 좋다. 자연스럽게 사진을 찍을 수 있는 분위기로 매장의 분위기를 올려 놓길 바란다. 다른 헤어숍에서 보기 힘든 테마를 당신의 헤어숍에 적용해 보자.

매장의 청결과 정리정돈이 인테리어의 기본이다

헤어숍은 음식점과 마찬가지로 위생이 기본이다. 모든 서비스업이 그렇듯이 사람을 직접 대면하는 접객업이기 때문이다. 항상 청결에 신경을 써야 한다. 다음 고객을 경대로 안내하기 전에 반드시 주변을 정리해야 한다. 많은 디자이너들이 이런 생각 없이 직전 고객의 잘린 머리카락을 그대로 둔 채 다음 고객을 맞이한다. 인테리어가 아무리 훌륭하다고 하더라도 위생 관념이 없는 헤어숍은 고객에게 사랑받지 못한다. 헤어숍은 아무리 청소를 잘해도 머리카락이 항상 존재한다. 그렇기 때문에 위생에 더 신경을 써야 하는 곳이 헤어숍이다.

오전부터 저녁까지 예약이 빡빡하게 들어차 있는 날은 주변을 정리하는 것이 더 어렵다. 그러나 아무리 바빠도 한 명의 고객 시술이 끝나면 정리정돈을 하고 커트보까지 개어 두고 다음 고객을 맞이해야 한다. 내가 헤어숍을 오픈하고 지금까지 직원들에게 강조하는 부분이다. 아무리 강조해도 지나치지 않는다. 그러나 내 말을 지키는 직원은 열 명 중 한 명에 불과하다. 처음부터 습관을 들여 놓는 것이 좋다.

내가 다른 헤어숍에 고객으로 방문해 봐도 크게 다르지 않

다. 직전 고객의 머리카락이 잔뜩 떨어져 있는 의자에 앉히는 경우도 있었다. 내 옷에 그 머리카락이 모두 달라붙는 끔찍한 경험도 했다. 이 매장에서 유독 나만 그런 경험을 했을까? 많은 고객들이 경험했을 수 있는 일이다. 다만 고객들은 말하지 않았을 뿐이다. 헤어 디자이너는 직업상 머리카락과 친하기 때문에 아무렇지 않을 수 있다. 그러나 일반인들은 머리카락에 민감하다. 머리카락이 옷에 묻거나, 음식에 들어가는 것이 괜찮은 사람은 아무도 없다. 비단 머리카락만이 아니다.

약품을 고객의 옷에 묻히지 않도록

염모제, 펌제와 같은 제품은 섬유의 성질을 변화시키는 화학제품이다. 따라서 옷에 묻으면 색이 변할 수도 있고 세탁이 불가할 수도 있다. 고객이 앉는 의자, 트레이나 샴푸대에 묻어 있는 약품이 고객의 옷에 이염됐을 경우 어떻게 할 것인가? 세탁비를 물어 준다고 될 일이 아니다. 섬유의 색이 변하기 때문에 옷값을 변상해야 할 수도 있다. 고가 의류인 경우 한 명의 월급을 고스란히 변상하는 데 써야 하는 경우도 있다. 자신의 평소 잘못된 습관이 이와 같은 불상사를 만들지 않기를 바란다.

아무리 인테리어가 좋고 테마가 있는 헤어숍이라도 지저분한 공간에서 사진을 찍고 싶은 사람은 없다. 고객에게 사용했던 수건이 커트 트레이, 펌 트레이, 의자 등 여기저기에 걸려 있고, 바닥은 머리카락으로 온통 지저분하고, 대기존에 고객이 사용한 컵이 제때 수거가 안 되어 있는 매장은 눈살을 찌푸

리게 한다. 평소 사용하고 난 다음 바로 정리하는 습관을 들이는 것이 좋다. 습관이 배면 아무리 바빠서 정신이 없어도 몸이 저절로 정리를 하게 된다. 미용업은 공중위생법의 적용을 받는 곳이다. 또한 위생관념이 철저하고 주변 정리정돈이 잘 되어 있어야 인테리어도 돋보인다는 사실을 기억하자.

세 가지 실천 팁

첫째, 매장에 핫존을 만들어라.

둘째, 청결은 인테리어의 기본이다.

셋째, 약품이 고객의 옷에 묻어 기분 상하는 일이 없도록 하자.

---

06 문제 해결의 법칙: 실천이 답이다

몸도 힘든데 감정노동 때문에 더 힘들 때

힘들고 지루한 과정을 거쳐 미용사가 되었는데 고객의 갑질 때문에 그만두는 일은 없어야 한다. 당신은 전문직에 합류한 괜찮은 사람이다. 자신을 낮잡아 보는 사람을 고객으로 맞을 필요는 없다. 고객은 고객다운 사람이 고객이지 돈만 있다고 모두 고객은 아니다. 당신이 근무하는 헤어숍의 시스템이 〈고객은 무조건 옳다〉라고 한다면 그 시스템을 바꾸어야 한다. 시스템을 바꿀 수 없다면 그 매장은 비전이 없다. 그만두고 다른 곳으로 이직하라.

고객의 갑질 때문에 미용을 그만두는 일은 없어야 한다

미용 분야에 입문하여 헤어숍에 취업하기까지만 해도 대단한 일이다. 인내하며 자기와의 싸움을 이겨 내는 과정이기 때문이다. 미용사 국가기술 자격증을 취득했다는 것은 그만큼 지루한 과정을 견디어 냈다는 뜻이다. 미용사 시험이 어려워서 합격을 못하는 것이 아니다. 시간 단축을 위해 똑같은 작업을 끊임없이 연습하는 과정이 지루해서 합격하기 힘든 것이다. 그만큼 연습을 많이 해야만 시간을 단축할 수 있다. 그래서 기능사인 것이다.

자격증을 취득하고 헤어숍에서 근무하다가 그만두는 친구들도 많다. 인턴 과정을 견디지 못하고 그만두기도 하고, 접객이 어려워서 그만두기도 한다. 전문성을 가진 사람들은 자신의 의견을 좀처럼 굽히지 않는다. 이 때문에 디자이너 간 세력 싸움과 같은 것도 있다. 이들 사이에서 살아남는 자만이 성공할 수 있다. 일의 특성상 하루 종일 서서 근무하는 헤어숍의 업무는 육체적으로 체력 소모가 많다. 그런데 정신적·감정적으로도 과다한 스트레스를 받는다면 좀처럼 버티기 어려울 수 있다.

최소한 고객의 갑질 때문에 좋아하는 미용일을 그만두는 일은 없어야 한다. 최근에는 서비스업 종사자 보호 캠페인 등이 활발해지면서 정부 차원에서 보호 방안도 마련하고 있다. 과거 소비가 생산을 초과한 시대에는 특별한 서비스를 제공하지 않아도 고객의 불만이라는 것이 없었다. 물건이 없어서 못 팔고, 서비스를 이용하고 싶어도 흔하지 않았기 때문이다.

오늘날처럼 빈번한 고객 갑질은 과도한 서비스 경쟁이 낳은 결과이다. 1980년대 이후부터 소비자는 한정적인데 공급자가 너무 많아졌기 때문이다. 고객 유치 경쟁이 날로 치열해지면서 각 기업에서는 〈고객이 왕이다〉, 〈고객은 무조건 옳다〉 등의 선전 구호를 걸고 직원들을 교육시킨다. 특히 대기업의 백화점이나 대형 유통 업체에서 과도한 서비스를 고객에게 제공한다. 여기에 학습된 고객은 다른 업체에서도 똑같은 서비스를 제공받기를 원한다. 일부 몰지각한 고객은 고가의 물건을 구입하고 한 달간 실컷 사용하고 영수증을 챙겨두었다가 반품하는 사례도 있다고 한다. 한 홈쇼핑 관계자는 연말에 주얼리, 밍크코트 등 고가 상품의 반품 사례가 증가한다고 했다. 대형 쇼핑몰은 한 달 안에 영수증을 가져오면 무조건 반품해 준다는 것을 악용하는 것이다.

물론 미용업과 같은 서비스업은 생산과 소비가 동시에 이루어지는 특성 때문에 반품이 어렵다. 소비자가 생산 활동에 참여하기도 한다. 헤어 미용은 소재가 되는 고객의 모발이 있어야 헤어스타일의 생산이 가능하다. 다음은 예전 내가 프랜차이즈 헤어숍을 경영할 때 있었던 일이다. 사전에 충분히 상담을 하고 서비스를 제공했음에도 불구하고 고객이 억지를 부리는 경우이다.

고객 (사진을 보여주며) 굵은 웨이브로 펌을 하고 싶어요.

디자이너 네, 고객님. 이 스타일은 세팅펌으로 하시면 충분히 예쁘게 하실 수 있어요.

고객 얼마예요?

디자이너 (고객의 머리 길이와 손상 상태를 설명하고) 금액은 15만 원입니다.

고객 너무 비싸네요. 5만 원 정도로 할 수 있는 머리로 해주세요.

디자이너 고객님, 죄송하지만 5만 원으로 하실 수 있는 펌은 없습니다. 일반펌(콜드펌을 말함)으로 해도 7만 원입니다.

고객 좀 싸게 해서 5만 원으로 해주시면 안 되나요?

이 디자이너는 고객의 막무가내 가격 결정에 좀 당황했지만 마침 고객이 많지 않고 한가한 시간이라 해주었다고 한다. 처음 제시한 펌과 지금 하는 것은 어떻게 다른지 충분한 설명을 하고 고객이 〈알겠다〉라고 하여 콜드펌을 했다. 그런데 이틀 후 해당 고객은 자신이 말한 웨이브가 이것이 아니라며 컴플레인을 제기했다. 담당 디자이너는 황당하여 어쩔 줄을 몰라 하며 나에게 전화했다. 나는 환불해 주도록 지시했다. 그러나 고객이 환불을 원하지 않고 다시 펌을 해달라고 한다는 것이다.

디자이너 고객님, 원장님께서 환불해 드리라고 하십니다. 환불해 드리겠습니다. 불편을 드려 죄송합니다.

고객 아니요. 저는 펌을 다시 하고 싶어요. 그 돈을 환불받아서 어디 가서 펌을 하나요?

디자이너 고객님. 펌을 다시 해도 지금과 같이 나옵니다. 열펌을 하지 않는 이상 똑같아요.

고객 그럼 열펌으로 해주세요.

디자이너 열펌으로 하시게 되면 추가 비용은 주셔야 합니다.

고객 왜요? 당연히 다시 해주는 것 아닌가요?

고객은 열펌이 고가라는 것을 이미 알고 있었고 그 가격을 지불할 마음이 애초부터 없었던 것이다. 내가 매장에 도착했을 때 이미 고객은 열펌을 하고 있었다. 담당 디자이너는 할 수 없이 막무가내로 다시 해달라는 고객을 내보내지 못했다고 했다. 나는 〈이런 막무가내인 고객은 고객이 아니니 그냥 보내도 된다〉며 다음부터는 그렇게 하라고 했다. 해당 직원은 그 고객을 처리하느라 힘은 힘대로 들고 다른 고객도 받지 못했다. 고객들이 헤어숍의 재시술 서비스를 악이용한 사례이다.

〈고객이 무조건 옳다〉는 생각은 버려라

보통 헤어숍에서는 펌을 하고 1주일 이내에 펌 웨이브가 풀렸다면 재시술을 해준다. 이것은 디자이너가 실수로 펌 솔루션의 작용시간을 잘못 판단하여 웨이브가 풀렸거나, 펌제 도포를 잘못하여 펌 웨이브가 나오지 않았을 때 재시술을 해주는 경우이다. 매장에서 고객의 모든 요구에 응할 필요는 없다. 정당하지 않은 요구를 할 때에는 거절할 수 있다는 것을 직원들에게 미리 교육시키는 것이 필요하다. 〈고객이 무조건 옳다〉는 생각은 버려라. 고객다운 고객이 옳은 것이다.

매장 시스템으로 직원을 보호해 줄 수 있는 제도도 필요하다. 〈고객이 무조건 옳다〉라고 말하는 경영자는 직원을 무시하는 사람이다. 직원도 내부 고객이다. 상식적이지 않은 고객에게 무조건 서비스를 제공하라고 주장하는 것은 잘못된 관행이다. 고객이 비상식적인 요구를 할 때 단호히 안 된다고 말해 주어야 우량 고객에게 더 잘할 수 있다. 매장에서 시스템으로 보호해 주지 못한다면 개인이라도 적절히 상황을 조절할 필요가 있다. 그마저도 못하게 한다면 그 매장은 비전이 없다. 그만두고 다른 곳으로 이직하는 게 낫다!

헤어 디자이너는 일반 서비스직이 아니다. 전문 서비스직이라는 사실을 기억하자. 지금은 서비스업이 아닌 것이 없다. 고객을 접객하는 모든 직종은 서비스업이다. 의료 서비스, 교육 서비스, 미용 서비스, 행정 서비스, 금융 서비스, 법률 서비스 등은 전문직인 동시에 서비스업이다. 제도적으로 감정노동에 힘들어하지 않도록 해주는 것이 일에 보람을 느끼게 해주는 일이다.

고객과 직원, 서로가 존중하는 문화

2018년도에 서울시는 감정노동자를 보호하는 업무전담센터를 개설했다. 그리고 지금은 감정노동자 보호법이 시행되고 있다. 이는 산업안전보건법에 〈고객의 폭언 등으로 인한 건강 장애 예방조치〉를 사업주의 의무 사항으로 추가한 항목이다. 지금은 콜센터 등에 전화를 하면 〈지금 전화를 받는 사람은 당신의 아들 또는 딸일 수 있습니다〉와 같은 안내가 가장 먼저 나온다. 폭언 등을 했을 경우 법적으로 처벌을 받을 수 있다는 내용과 함께 말이다. 마찬가지로 매장에서 직원을 보호하는 안내 문구를 잘 보이는 곳에 게시하는 것도 좋은 방법이다.

우리는 백화점에서 직원에게 행패를 부리고 무릎을 꿇리는 행동, 패스트푸드점에서 햄버거를 직원의 얼굴에 던지는 행동, 펫샵에서 강아지를 사장에게 던지는 행동, 승무원에게 성희롱과 행패를 부리는 행동 등 고객 갑질 영상을 TV 뉴스를 통해 자주 접한다. 이러한 행동은 처벌받아야 마땅하며, 반드시 근절되어야 한다. 서비스업에 종사한다는 이유로 그런 대접을 받을 이유는 없다.

사람은 서로 상대적이어야 한다. 누구 하나가 일방적으로 당할 이유는 없다. 고객은 자신이 필요한 서비스를 이용하면서 정당한 대가를 지불하는 것이다. 다만 이 교환은 서로 기분 좋은 서비스를 제공하고 받기를 원하는 것으로서 정당한 것이어야 한다. 당신이 서비스직에 종사한다는 이유로 정당하지 않은 것에 감정을 소모할 필요는 없다. 당신도 또한 고객에게 정당하지 않은 것을 요구하지 말아야 한다. 고객에게 과도한 소비를 유도하거나 서비스 갑질을 역으로 이용하지 않아야 한다. 서로 존중하고 배려했을 때 당신도 고객도 모두 인격적으로 존중받을 수 있다.

당신이 좋아하는 일을 고객의 갑질 때문에 그만두는 일은 없어야 한다. 고객의 억지스러움을 그대로 받아줄 필요는 없다. 안 되는 것은 안 된다고 말해도 된다. 또한 내부 직원을 보호해 줄 수 있는 시스템을 마련하는 것이 고객의 갑질을 사전에 예방할 수 있는 방법이다. 그렇다고 서비스 갑질을 해서도 안 된다. 서로 존중하는 서비스문화가 될 수 있도록 조금씩 상대를 배려하고 융통성을 발휘해 보자.

세 가지 실천 팁

첫째, 고객의 갑질 때문에 미용을 그만두는 일은 없어야 한다. 안 되는 것은 안 된다고 단호히 말하자.

둘째, 〈고객이 무조건 옳다〉라는 말은 잘못된 말이다. 고객다운 고객이 옳은 것이다. 매장에서 시스템으로 만들어 줄 것을 권한다.

셋째, 사람은 서로 상대적이어야 한다. 서로 존중하는 서비스 문화가 될 수 있도록 상대를 배려하자.

손님보다 직원들과의 관계가 어렵다면

좋은 인재의 채용이 헤어숍의 성패를 좌우할 수도 있다. 그러나 디자이너 한두 명에 의존하여 헤어숍을 운영하는 것은 위험부담이 크다. 당장 매출 상위 디자이너가 그만두더라도 헤어숍이 시스템으로 움직이게 해야 한다. 아무리 능력 있는 디자이너라도 구성원들과 잦은 트러블이 있다면 과감하게 다른 사람을 채용해야 한다. 헤어숍은 개인의 능력보다 구성원과의 조화가 더 중요하다. 마음과 손발이 잘 맞는 사람이 시너지 효과를 낼 수 있기 때문이다.

사람의 마음을 잡지 못하면 미용업은 특히 성공하기 힘들다

미용업은 기술을 바탕으로 한 서비스업으로, 인재의 채용이 어느 업종보다 중요하다. 고객의 마음을 움직이는 것도 중요하지만 더 중요한 것은 내부 고객, 즉 직원의 마음을 잘 다스리는 일이다. 고객에게는 최선을 다해 서비스하려고 노력하면서, 정작 내부 고객인 직원들에게는 함부로 하는 원상들이 있다. 원장인 당신과 같이 근무하는 직원에게 평소 따뜻한 말 한 마디라도 건네 보자. 매일 잔소리만 하지 말고 같이 차 한잔하기를 권해 보자. 직원도 원장인 당신에게 마음을 열고 벽을 쌓지 않을 것이다.

보통 원장이 직원을 원장실로 불러서 상담할 때 긴장감이 조성된다. 이러한 상황에서는 자연스러운 대화가 이루어지기 어렵다. 이미 직원은 긴장한 상태이고 자신이 말을 잘못하면 안 된다는 생각을 가지고 있다. 그렇기 때문에 진짜 하고 싶은 말을 못할 수도 있다. 근무 중 직원의 눈빛에서 무언가 생각하고 있다는 판단이 서면 매장이 아닌 다른 곳에서 만나 보자. 근처 카페도 좋다. 보다 자연스러운 대화가 오고 갈 수 있는 자리는 근무처인 매장이 아니라 카페나 음식점에서 나올 수 있다.

엄마가 아들에게 〈엄마 방으로 와. 엄마랑 얘기 좀 하자!〉라고 한다면 아들은 무슨 생각을 하면서 갈까? 〈내가 뭐 잘못한 일이 있나? 혼날 일이 있나?〉라는 생각이 들면서 일단 방어벽부터 칠 것이다. 〈○○야~ 엄마랑 데이트 좀 할래?〉라고 해보자. 훨씬 자연스럽게 서로의 얘기를 주고받을 수 있다. 직원도 마찬가지이다. 평소 매장에서는 각자 일이 바쁘기 때문에 대화할 수 있는 시간이 많지 않다. 사적인 자리는 마음을 열고 대화할 수 있는 기회이다. 직원이 무슨 생각을 하는지 도통 모르겠다면 원장인 당신이 먼저 벽을 쌓고 있는 것은 아닌지 생각해 보자.

직원이 그만둔다고 퇴사 통보를 했는가? 그렇다면 그 이유는 무엇이라고 생각하는가? 원장과 직원의 대답은 각각 이러했다.

원장의 생각

첫째, 월급이 타사보다 적다.
둘째, 교육을 시켜주지 않는다.
셋째, 상사가 자신하고 맞지 않는다.

직원의 생각

첫째, 상사가 마음에 들지 않는다.
둘째, 비전이 없다.
셋째, 월급이 타사보다 적다.

이와 같이 서로 생각에 차이가 있다. 원장의 입장에서는 직원이 그만두는 가장 큰 이유가 월급이 적어서라고 생각한다. 하지만 직원은 그 이유가 첫 번째가 아닐 수 있다. 우리 딸이 나에게 했던 말이 생각난다.

「엄마! 어느 하나라도 좋은 게 있어야 그 회사를 오랫동안 다닐 수 있는 거지. 일이 힘들면 동료 직원들이 좋아서 사람을 보고 다니거나 비전이 있거나, 그것도 아니라면 연봉이 타사보다 뛰어나게 높기라도 해야지. 그렇지 않으면 못 다녀.」

그 말에 나는 반박할 수가 없었다. 내가 예전 직장생활을 해본 경험으로 비추어 봤을 때 맞는 말이었기 때문이다. 나도 그 말에 동의한다.

매뉴얼을 만들어서 시스템화하자

중소형 헤어숍은 한두 명의 디자이너에게 많은 부분 의존하고 있다. 그렇기 때문에 디자이너가 그만두는 일이 생기면 영업에 큰 차질이 생긴다. 후임으로 다른 디자이너가 왔다고 해도 새로 온 디자이너와 스타일이 맞지 않는 고객은 이탈할 가능성이 높다. 이런 상황을 방지하려면 시스템을 만들어야 한다. 미용업은 기술을 가지고 있는 사람에게 의존할 수밖에 없는 업종이다. 그러나 이는 매뉴얼로 어느 정도 시스템화할 수 있다. 전략적으로 공통적인 매뉴얼을 만들어 보자. 기존의 디자이너가 갑자기 퇴사하더라도 시스템으로 움직이는 매장은 큰 타격이 없다.

헤어숍을 운영하는 나의 지인 이야기이다. 그는 직원들을 인턴부터 디자이너가 될 때까지 열심히 가르쳤다고 한다. 그렇게 해서 직원 중에 어느 정도 고객들로부터 인정받고 근무하던 디자이너가 있었다. 헤어숍에서도 그 직원에게 고객을 많이 밀어주어 상당한 매출을 올릴 수 있도록 해주었다고 한다. 디자이너는 자신의 매출에 따라 급여가 결정된다. 따라서 매출을 많이 올리고 싶은 것은 당연지사이다. 이 부분은 헤어숍에서 적극적으로 해당 디자이너를 키우겠다는 생각이 있어서 가능한 일이었다.

그런데 갑자기 이 디자이너가 자기와 같이 손발을 맞추던 인턴을 데리고 바로 맞은편에 헤어숍을 오픈했다고 한다. 이런 경우 해당 헤어숍이 받는 타격은 엄청나게 크다. 심각한 경우 헤어숍 문을 닫아야 하는 상황도 생긴다. 설마 이런 사람이 있냐고 질문하고 싶겠지만, 실제로 많다. 매출 상위 디자이너가 경쟁 헤어숍으로 이직하는 경우도 마찬가지이다.

이런 불상사가 생기지 않도록 하기 위해서는 고객이 특정한 디자이너를 보고 방문하는 것이 아니라, 헤어숍의 가치를 보고 방문하게 만들어야 한다. 사람이 바뀌어도 똑같은 서비스를 제공할 수 있는 시스템을 만들자. 자기 헤어숍만의 매뉴얼이 있다면 가능한 일이다.

개인의 능력보다 〈조화〉가 더 큰 시너지 효과를 낸다

조직에서는 개개인의 출중한 능력보다 서로의 조화가 더 중요하다. 개인의 능력이 아무리 뛰어나더라도 팀과 조화가 이루어지지 않는다면 좀처럼 성과를 내기가 어렵다. 미용업은 특히 디자이너와 인턴이 손발을 잘 맞추어야 한다. 디자이너가 아무리 실력이 뛰어나다고 하더라도 인턴과 손발이 잘 맞지 않으면 실력을 충분히 발휘하기 어렵다. 반대로 디자이너의 실력이 별 볼 일없더라도 어시스트를 해주는 사람이 누구냐에 따라 결과가 달라질 수 있다. 〈조화〉란 서로 특출난 부분을 자랑하기보다는 서로가 갖지 못한 부분을 보완해 주는 것이다.

골프 선수가 게임에서 승리하기 위해서는 그를 도와주는 캐디의 역할이 중요하다. 캐디가 알려 주는 정보에 따라 선수가 어떻게 공을 칠 것인지 판단하기 때문이다. 캐디가 잘못된 정보를 제공하거나 아는 것이 없다면 담당 선수는 게임에서 승리하기 어렵다. 타이거 우즈도 예전에 친구를 어시스트해 준 적이 있다. 세계적으로 유명한 프로선수가 캐디 역할을 해준다는 것은 그야말로 대회에서 좋은 성적을 낼 수 있는 기회이다. 헤어 디자이너도 이런 관점에서 같다고 할 수 있다.

원장과 직원이 마음이 맞지 않다면 결단이 필요할 수 있다. 마음이 맞지 않는 사람과 같이 일하는 것만큼 서로에게 큰 스트레스는 없다. 충분히 대화를 했는데도 불구하고 전혀 변하지 않는다면 다른 직원을 채용할 것을 권한다. 계속 같이 근무하기로 결정했다면 상호 보완적 관계를 유지해 시너지 효과를 낼 수 있도록 해야 한다. 원장과 디자이너는 경쟁 상대가 아닌 서로 도움을 주고받는 관계이다. 즉 같은 팀이다.

얼마 전 협회에서 큰 행사를 진행할 일이 있었다. 내가 회장직을 맡고 있었기 때문에 전체적으로 진행을 체크해야만 했다. 그중 세미나팀에 대한 얘기를 잠시 해보겠다. 세미나팀으로 구성된 사람들은 각 분야의 전문가로서 능력이 출중하고 상당한 위치에 있는 사람들이었다. 그들이 맡은 세미나는 뷰티 관련 색채, 헤어, 메이크업, 네일아트, 네 가지 분야의 트렌드 컬러를 발표하고 제안하는 일이었다. 선정된 모델의 퍼스널 컬러를 진단하고 그에 맞는 헤어스타일과 메이크업, 네일

아트의 색채 선정과 디자인 등을 제안하는 것이다. 이 중 헤어를 담당한 사람이 다른 사람들과 조화를 잘 이루지 못해 쇼를 망칠 뻔했다.

각 분야별로 우수한 전문가들로 팀을 구성했더라도 의견이 맞지 않으면 언제든 일어날 수 있는 일이다. 물론 이날 세미나는 큰 문제없이 마무리되었다(문제없이 진행했다는 말이 성공적이라는 말은 아니다). 하지만 그 과정에서 구성원 모두가 굉장한 스트레스를 받았다고 한다. 서로 트러블 없이 세미나를 준비했다면 이들이 가진 능력을 훨씬 더 잘 발휘했을 것이라는 생각이 든다.

팀을 이루어 근무해야 하는 미용업의 특성상 마음이 맞지 않는 사람과 근무한다는 것은 장기적으로 손실이 크다. 서로 합을 맞출 수 없다면 과감한 결단도 필요하다. 개인의 능력이 아무리 출중해도 조직에서 조화롭지 못한 사람은 조직에서 시너지 효과를 이끌어 낼 수 없다. 실력이 뛰어나도 매번 트러블을 만드는 직원과 근무하는 것은 구성원 모두의 시간과 좋은 에너지를 낭비하는 것이다.

세 가지 실천 팁

첫째, 직원과의 대화가 어렵다면 매장 밖에서 만나 보길 권한다.

둘째, 고객이 헤어숍의 가치를 보고 올 수 있도록 시스템을 만들어라.

셋째, 직원들의 좋은 에너지를 갉아먹는 직원과는 과감하게 결별하는 것이 좋다. 헤어숍은 개인의 능력보다 〈조화〉가 더 중요하다.

실패했다면, 그 이유를 주변 사람에게 들어 보자

사업을 하다 보면 처음 의도와는 다르게 난관에 부딪힐 때가 많다. 모든 것이 계획한 대로 이루어지면 좋겠지만 절대 순탄한 법이 없다. 잘 진행되는 것 같다가도 어느 순간 정체기가 오기도 하고, 계획에서 곧잘 어긋나는 것이 바로 사업이다. 이렇게 사업이 내 맘대로 안 되는 이유는 사업을 〈내 맘〉대로 하려고 하기 때문이다. 사업은 내 맘대로 하는 게 아니라 〈고객 맘〉대로 해야 하는 것이다. 고객이 진정 원하는 것이 무엇인지 고객에게 물어보고 그것을 참고해야 한다는 말이다. 내 생각이 옳다고 믿는 것을 고객도 그것이 옳다고 여기지는 않는다. 모든 답은 외부에 있다. 자기 안에 갇혀 있는 사람은 절대로 사업에 성공할 수 없다.

처음부터 성공하는 사람은 없다

사람들은 크든 작든 사업을 시작하면서 성공을 꿈꾼다. 당연한 이치이다. 실패할 것을 생각하면서 사업을 벌이는 사람은 아마 없을 것이다. 그러나 모두가 처음부터 승승장구하면서 꽃길만 걷는 것은 아니다. 지금 사업이 잘되고 어느 정도 궤도에 올라온 사람들도 실패를 수없이 거듭하면서 수정하는 과정을 거쳤다. 사업에 실패한 사람과 성공한 사람의 차이라면, 성공할 때까지 도전했는지 여부이다. 열 번을 실패해도 다시 도전해서 한 번 성공하면 그는 성공한 사람이 된다.

처음에 헤어숍 경영에 실패했다면 그 이유를 주변 가까운 사람에게 물어보자. 우리 헤어숍의 장점과 단점, 분위기, 실력, 원장이나 직원들의 태도 등 어떤 것이어도 좋다. 내부에 있는 사람은 완벽하다고 생각해도 고객이나 주변 사람이 느끼기에 다시는 오기 싫은 헤어숍일 수 있다. 두 번은 오기 싫은 이유가 하나라도 있다면 반드시 의견을 수용하고 반영해야 한다. 당신이 디자이너 시절 바라보는 원장과 실제로 원장이 되는 것은 천지 차이이다. 디자이너 시절 당신의 기술력이 뛰어나 따르는 고객이 많았다고 해도 헤어숍 운영은 실패할 수 있다. 디자이너는 자신의 실력과 자기 고객 관리만 하면 되지만 원장은 고객 관리는 물론 경영 관리, 직원 관리, 헤어숍 홍보, 교육 콘텐츠 개발, 세무·노무 업무 등 할 일이 너무도 많다. 매일 원장이 원장실에서 노는 것처럼 보였겠지만, 그 안에서 꽤 중요하고 많은 일들을 처리하고 있었다는 것을 깨닫게 된다.

항상 주변 사람에게 지금 당신의 문제점이 무엇인지 질문하고 개선하기 위해 노력하라. 당신이 항상 옳은 판단을 하는 것이 아니다. 고객의 소리 듣기를 두려워 말라. 고객이 당신에게 무언가를 말해 준다는 것은 그동안 당신이 고객에게 굉장히 좋은 이미지를 가지고 있었다는 것이다. 고객은 아무에게나 불만을 말하지도 않고 조언을 해주지도 않는다. 당신이 받아들일 준비가 되어 있다는 것을 알아야 말할 수 있다. 즉 항상 열린 마음으로 고객을 대하라는 뜻이다. 그래도 잘 모르겠으면 밖으로 나가 보아야 한다. 안에서 백 번을 생각해도 잘 모르겠다면 답은 밖에 있다. 밖에 나가서 외부환경을 살펴보아라. 안에 있는 당신이 상상도 못할 만큼 세상은 빠르게 변화하고 있다.

당신은 어떤 미용 인생을 꿈꾸는가?

당신은 규모 면에서 아주 작은 1인 헤어숍을 할 수도 있고, 대형 프랜차이즈 헤어숍을 할 수도 있다. 당신이 꿈꾸는 미래가 어떤 삶이 되었을 때 더 행복할지 생각해 보고 준비할 것을 권한다.

모든 사람이 대형 프랜차이즈 헤어숍 대표가 되는 것을 꿈꾸는 것은 아니다. 1인 살롱 개념의 예쁜 헤어숍을 만들어 자기만의 콘셉트를 가지고 운영하고 싶은 사람도 많다. 이 경우 타깃층을 누구로 할 것인지 먼저 정하는 것이 좋다. 디자이너 자신이 가장 잘할 수 있는 것, 자신과 맞을 것 같은 고객층, 추구하는 삶의 모양 등을 먼저 생각해 보자. 그 후에 그에 맞는 매장을 선택해야 한다. 무작정 매물이 싸게 나와 있다고 해서 덜컥 계약 먼저 하는 것은 지양해야 한다. 아무리 1인 살롱이라도 계획이 필요하고 경영 관리를 해야 성공할 수 있다.

모든 사업에는 고정비가 있다. 사업을 시작하는 순간 가만히 있어도 지출해야 하는 돈이다. 대형 프랜차이즈보다는 적지만, 기본적으로 고정비를 해결하지 못하면 매장을 임대할 때 맡겨 둔 보증금을 날릴 수도 있다. 따라서 혼자 운영하는 가게라도 〈계획-조정-통제〉의 기본적인 경영 관리의 흐름을 실행해야 한다. 주먹구구식으로 운영하는 가게의 수명이 길지 못한 이유가 여기에 있다.

우리는 동료들과 식당에 점심 한 끼를 먹으러 갈 때도 계획-조정-통제의 과정을 거친다. 무엇을 먹을지 메뉴를 정했으면 어느 식당을 이용할지 의견을 수렴한다. 식사 후 해당 식당의 맛과 서비스가 괜찮았다는 판단이 서면 다음에 또 이용할 것을 생각한다. 그러나 별로라는 느낌이 들었다면 다음에 다른 식당을 알아보는 과정을 거친다.

사업을 할 때도 마찬가지이다. 계획을 세우고, 시행착오를 겪고 수정하고, 피드백하여 적용해야 한다. 예전에 우리 어머니는 이렇게 말씀하셨다. 「최소한 사업은 어느 정도 사회 경험을 쌓고 서른 이후에 해야지 성공할 확률이 높아. 20대에 사업해서 성공하는 사람은 별로 없다.」 나는 그 말에 어느 정도는 동의한다. 어떤 종류냐에 따라 다르긴 하지만 경험을 가지고 그 분야에서 어느 정도 승부를 볼 수 있을 것 같다는 생각이 들 때, 그때 시작해야 하는 것이 사업이다. 사업은 열정만 가지고 할 수 없다. 경험을 토대로 생각하는 힘을 키우고 분석할 수 있는 능력을 갖추는 것이 사업 성공의 기초가 된다.

긍정적인 사람이 성공할 수 있다

만약 당신이 현재 헤어숍을 운영하고 있다면 〈힘들다〉, 〈어렵다〉, 〈손님이 없다〉 같은 표현은 쓰지 말라. 이것은 자신의 무능력함을 고백하는 꼴이다. 그러다 진짜로 망한다. 사람들 중에는 항상 긍정적인 말을 하는 사람이 있고, 항상 부정적인 말만 하는 사람이 있다. 그러나 사업을 하는 사람은 특히 긍정적인 말을 하도록 노력해야 한다. 사람들은 긍정의 에너지가 있는 사람에게 다가가고 싶은 법이다. 단어의 선택, 표현, 표정 등 모든 것에서 긍정의 기운을 느낄 수 있는 사람이 성공한다.

인간은 자신도 모르는 사이에 자기암시를 한다. 항상 긍정적인 생각을 하고 〈무엇이든 하면 된다〉라고 생각하는 사람은 그것을 이루고 있다. 반면에 〈안 돼〉를 반복하는 사람은 진짜 뭐든지 되는 일이 없다. 직접 경험해 보면 안다. 나는 금수저를 물고 태어나지도 않았고 뛰어난 머리를 가지고 태어나지도 않았다. 삶의 우여곡절도 많고 힘든 부분들도 있었다. 그렇지만 내 인생의 장기 계획을 세우고, 최종적으로 그것을 이루기 위해 하나씩 실행해 가는 단기 계획을 세웠다. 그리고 할 수 있다는 긍정의 힘을 믿고 실행했으며 40대 중반이 되기 전에 그 꿈을 이루었다.

〈피그말리온 효과Pygmalion effect〉라는 말이 있다. 자신도 모르는 사이에 기대에 부응하기 위해 행동하고, 그런 행동들이 모여 실제 기대한 결과를 이룰 수 있게 된다는 뜻이다. 긍정의 힘을 믿어 보자. 당신도 성공할 수 있다. 잠시 사업이 어렵다고 해서 〈힘들다〉는 말을 입에 달고 있으면 될 일도 안 된다.
기억하자! 항상 〈나는 잘 될 거야!〉라는 생각으로 살아라.

세 가지 실천 팁

첫째, 사업에 성공하고 싶다면 성공할 때까지 하면 된다.

둘째, 당신이 생각하는 성공이 어떤 형태인지 먼저 고민하자.

셋째, 항상 긍정적인 마인드를 가져라.

〈기승전-실천〉이 중요하다!

사업에서 성공하는 사람은 많이 아는 사람이 아니라 실천하는 사람이다. 사업은 머리로 하는 것이 아니라 몸이 하는 것이기 때문이다. 아무리 경영과 마케팅에 대하여 잘 알고 있어도 그것을 행동으로 옮기지 않으면 사업에서는 아무짝에 쓸모가 없다. 당신이 하는 일이 마케팅이 아니라면 이론적으로 공부만 하지 말고 실무에 적용하라. 바로 실천해야 한다. 사업에서는 실천하는 것이 가장 중요하다.

실천이 가장 중요하다

경영이라면 누구보다 많이 알고 있다고 해서, 마케팅에 대해 일가견이 있다고 해서 사업을 잘 할까? 그렇다면 경영학과 교수나 마케팅 전문가는 무조건 사업에 성공해야 한다. 그들보다 경영과 마케팅에 대해 잘 아는 사람이 또 어디에 있단 말인가? 그러나 이들은 어디까지나 이론적으로 잘 알고 있는 것이다. 사업은 이론을 많이 알고 있다고 잘하는 것이 아니라 행동으로 옮겨야 잘하는 것이다. 아무리 경영 이론을 잘 알고 미래를 잘 예측할 수 있다 한들 실천하지 않으면 사업에 아무런 도움이 되지 못한다. 사업에서는 실천이 가장 중요한 항목이다.

좋은 아이디어가 있다면 당장 실행에 옮겨야 한다. 마케팅을 제안했을 때 〈생각해 볼게요〉라고 말하고 1주일이 지나도록 아무 말이 없다면 할 마음이 없는 뜻이다. 나는 그런 사람에게는 두말하지 않는다. 실행하고 싶은 마음이 조금이라도 있다면 자꾸 물어야 한다.

나는 2012년 한국보건산업진흥원 소속으로 뷰티숍 컨설턴트로 활동한 적이 있다. 소규모 헤어숍을 운영하는 원장들의 신청을 받아 경영 진단과 컨설팅을 해주는 일이다. 컨설팅을 진행할 때 〈방법을 몰라서 못한〉 원장과 〈게을러서 안 한〉 원장은 다음과 같은 차이가 있다.

방법을 잘 몰라서 못한 원장은 배우고자 하는 의지가 있다. 제안을 하면 받아들이고 다음 방문 때 그것을 실행하고 있다. 〈실행해 보니 어떻다〉라고 컨설턴트인 나에게 피드백을 해주기도 한다. 반면 게을러서 안한 원장은 제안을 하면 핑계가 많다. 〈혼자 근무하기 때문에 못한다〉, 〈전에도 해봤는데 이 동네에서는 안 먹힌다〉, 〈가격이 싸야 고객이 온다〉 등등 이유도 여러 가지이다. 아무리 유능한 컨설턴트가 컨설팅을 잘 해준다고 해도 본인이 실천하지 않으면 아무런 소용이 없다.

사업은 머리가 아니라 몸으로 하는 것

사업은 머리로 하는 것이 아니라 몸으로 하는 것이다. 마케팅 강사는 아는 것으로 먹고사는 직업이기 때문에 아는 지식을 전달만 해주면 된다. 아는 것을 반드시 실천하지 않아도 된다. 하지만 사업하는 사람은 그것을 몸으로 실천해야 비로소 빛을 발할 수 있다. 그래서 각자 자기의 영역이 따로 있는 것이다. 사업을 하는 당신이라면 아는 데서 그치지 말고 그것을 실행해야 한다. 몸을 움직여야 사업은 성공할 수 있다.

예전에 고객관리 노트를 만들라고 했더니 〈이미 알고 있다〉, 〈생각은 하고 있다〉고 하는 원장들이 있었다. 정작 고객관리 노트를 작성하는 사람은 없었다. 무언가를 하고 싶은 생각이 들었다면 바로 실행해야 한다. 마찬가지로 당신이 일하고 있는 분야에서 어떤 사람의 조언을 듣고 싶다면 그 사람을 만나야 한다. 모르는 사람이라서 만날 수가 없다고? 그렇다면 그냥 연락해 보라. 만나줄 수도 있지 않은가.

몇 년 전 내게 어떤 낯선 사람한테서 연락이 왔다. 자신이 개발하고 싶은 모발 화장품이 있는데 조언을 듣고 싶다고 했다. 나의 학력, 전공, 경력 등을 알고 있었다. 나를 어떻게 알았는지 궁금해서 물었더니 우리 매장 고객이 자신의 지인이라고 했단다. 〈그 원장님을 만나면 도움이 될 거야〉라고 했다면서 연락해 온 것이다. 나는 공개되어 있는 사람이니 사실상 마음만 먹으면 얼마든지 알 수 있다. 이 사람은 일면식도 없는 내게 연락하여 만나기를 청해 나의 조언을 듣고 OEM(Original Equipment

Manufacturing, 주문자 상표 부착 생산) 업체까지 소개받았다.

생각에서 그치지 않고 행동으로 옮겼기 때문에 가능한 일이었다. 물론 거절당할 수도 있다. 하지만 그것도 행동으로 옮겨봐야 알 수 있다. 거절당할 것이 두려워 생각만으로 그친다면 아무것도 이루어지지 않는다. 목이 마르면 물을 마시러 가야한다. 〈목이 마르다〉는 생각만 하고 물은 마시지 않으면 계속목마른 상태로 있어야 한다. 목마름은 물이 있는 곳으로 가야지만 해소된다.

언제까지 마케팅 공부만 할래?

마케팅 전공자가 되고 싶은 것이 아니라면 마케팅은 일단실행해 보자. 블로그 꾸미는 것을 배우지만 말고 일단 블로그를 운영하라. 페이스북을 배우기 전에 일단 페이스북을 하고,인스타그램이 어렵다고 하지 말고 일단 해보기를 바란다. 듣고 배우기만 하는 것과 직접 해보는 것은 전혀 다른 느낌이다.

대학에서 경영학이나 마케팅을 전공한 학생들은 경영과 마케팅에 대하여 잘 안다. 사업계획서도 배운 대로 아주 잘 작성한다. 그 사업계획서대로 진행하면 사업은 금방 정상 궤도에오를 것 같고 성공할 것 같다. 그러나 이 전공자들이 사회에 나오면 그야말로 아무것도 모르는 햇병아리였음을 실감한다. 사회는 학교에서처럼 계획한 대로 돌아가는 곳이 아니라는 것을깨닫는 데 1주일도 안 걸린다. 제대로 배우고 많이 알고 있다고 해서 모두 사업을 잘하는 것은 아니라는 말이다.

경영은 현장에서 많이 경험해 본 사람이 잘한다. 더본코리아 백종원 대표도 처음부터 운영하는 식당이 잘된 것은 아니라고 한다. 실패를 경험하고 다시 하기를 반복하다 보니 지금에 이르렀다고 한다. 많이 경험하고 먹어 보고, 만들기를 반복했다는 것이 중요하다. 백종원 대표는 음식에 대해서 일가견 있는 사람이지만, 전공자는 아니라고 했다. 나는 그의 성공을 많은 경험에서 우러나온 비상함이라고 말하고 싶다.

사업으로 성공 가도를 달리고 싶다면 즉시 실천하면 된다. 알고 있는 것, 머릿속에 있는 것을 생각에 그치지 말고 실행에 옮겨라. 실행에 옮기는 것이 그렇게 어려운 일은 아니다. 단지, 하기 싫은 것뿐이다. 당신이 하기 싫다면 어쩔 수 없는 일이지만, 그러면서 성공을 갈구하지는 말자. 가만히 앉아서 기회가 오기만을 기다리고 있는 것은, 감나무 아래에서 감이 떨어지길 기다리는 것과 같다.

세 가지 실천 팁

첫째, 사업에 성공하기 위해서는 실천이 중요하다.

둘째, 많이 알고 있다고 사업에 성공하는 것이 아니다. 일단 몸으로 부딪쳐 봐야 한다.

셋째, 〈기승전-실천〉이다. 실천 없이 사업에 성공하길 바라지 말라.

잘 쉬는 사람은 번아웃도 없다

당신이 좋아해서 시작한 미용일을 오랫동안 하고 싶다면 일과 삶의 균형을 잘 맞추어야 한다. 미용업은 일반 직장보다 체력 소모가 큰 만큼 더 잘 쉬고 자신을 잘 챙겨야 한다. 육체뿐만 아니라 정신적 휴식도 필요하다. 시간이 없다는 핑계로 휴가를 미루지 말자! 휴가는 시간을 내서 가야 하는 것이다. 힘들다면 내일 당장 휴가를 내고 여행을 다녀오자.

일과 삶의 균형

일반 직장인보다 격무가 많은 미용업은 그만큼 체력 소모가 크다. 휴식 시간을 충분히 갖지 않고 오랫동안 일하다 보면 어느 순간 몸에 이상 신호가 온다. 미용업을 단기간만 하고 말 것이 아니라면 충분한 휴식과 적당한 자신만의 취미를 가지고 일을 즐겨야 한다. 삶이 일이 되어서는 안 된다. 식사도 미루지 말자. 헤어 디자이너의 직업병 중 하나가 위장병이다.

지금은 근로기준법이 마련되어 고용된 미용인은 일평균

8시간 정도 근무하지만 전에는 12시간을 꼬박 근무하기도 했다. 8시간 근무를 한다고 해도 일반 직장인과는 업무 강도가 다르다. 하루 종일 서서 근무하기 때문에 체력 소모가 크고, 사람을 상대하는 일이라 감정노동도 심하다. 점심을 먹으려는 순간 예약하지 않은 고객이 방문하면 식사 때를 놓치기도 한다. 내가 아는 한 지인은 아예 점심은 스케줄에서 없앤 지 오래 됐다고 한다. 그녀 역시 위장병 때문에 고생이다.

대부분의 헤어 디자이너들이 고객을 거절하지 못한다. 예약 제더라도 대부분 고객이 원하는 시간에 맞춰 주어야 하기 때문이다. 점심시간을 따로 빼 놓기가 어려운 이유이다. 그러나 이것은 생각하기 나름이다. 우선순위를 고객이나 매출에 두었기 때문에 고객을 거절하지 못하는 것이다. 이런 일이 반복되다 보면 좋아했던 미용일이 싫어지기도 하고, 몸이 망가져서 오래하고 싶어도 못하는 상황이 생길 수 있다. 점심시간을 꼭 챙겨라. 고객도 소중하고 매출도 중요하지만 자기 몸이 더 중요하다는 사실을 기억하기 바란다.

우리는 비행기를 타면 항상 이륙 전 기내 방송을 듣는다. 위급한 상황에서 구명조끼와 산소마스크를 착용하는 방법에 대한 안내이다. 이때 〈아이를 동반한 보호자는 자신이 먼저 보호 장비를 착용한 후 아이에게 착용해 주어야 한다〉고 설명한다. 처음에 정말 궁금했다. 〈왜 아이에게 먼저 착용시키지 않고 보호자가 먼저 착용하기를 지시하는 걸까?〉 그 이유는 아이를 돌볼 수 있는 보호자가 먼저 편하게 숨을 쉴 수 있어야 아이도 정상적으로 보살필 수 있기 때문이란다. 생각해 보니 그렇다. 아이에게 먼저 산소마스크를 씌우다가 보호자가 질식하면 자신과 아이 둘 다 위험해질 수 있다.

어떠한 상황에서도 자신을 잘 돌보아야 하는 이유가 여기에 있다. 당신을 위해서도 그렇지만, 당신 주변의 모든 사람에게도 그것은 중요한 일이다. 당신의 건강과 컨디션이 최상일 때 고객에 대한 서비스 품질도 상승한다. 반대로 당신의 컨디션이 저하되면 고객에 대한 서비스 품질도 저하할 수 있다. 이는 고객 불만으로 이어질 수 있으며 장기적 관점으로 볼 때 오히려 매출이 하락할 수 있다. 생각해 보라. 자신의 컨디션이 좋지 않을 때 조금만 힘들어도 주위 사람에게 짜증을 낸 적이 있지 않은가?

나는 20~30대 젊은 시절 일과 삶의 균형을 적절히 유지하지 못한 것에 대해 후회가 남는다. 일 때문에 취미를 포기했고, 아이들 학예회와 부모 참관 수업 등에 가지 못했고, 주말을 가족과 함께 보내지 못했다. 또한 집안의 대소사, 친구들의 결혼식 등에 참석하지 못했다. 한마디로 일 말고는 인간의 도리를 제대로 못하고 살았다고 볼 수 있다. 그동안 아이는 훌쩍 자라 더 이상 내 손이 필요 없는 성인이 되었고, 가족들도 나를 독하다고 했으며, 어릴 적 친구를 다 잃었다. 이 글을 읽는 여러분은 나와 같은 실수를 하지 않기를 바란다. 일을 하는 것은 좋지만 일과 삶에 균형을 맞추는 것이 무엇보다 중요하다. 〈나중에〉라는 것은 없다.

취미가 있다면 놓지 말고, 없다면 만들어라

좋아하는 것이 있다면 일 때문에 포기하는 상황은 없어야 한다. 1주일에 한 번 정도는 자신을 위한 시간을 갖기를 권한다. 이것은 몸 건강뿐 아니라 정신 건강에도 중요하다! 스트레스를 만병의 근원이라고 부른다. 누구나 1주일 동안 받은 스트레스를 날려 버릴 시간이 필요하지 않은가! 매출이 근무 시간과 비례하지는 않는다. 그것은 당신 마음먹기 나름이다. 관점을 바꾸자!

나는 일반 기업에서 직장생활도 해보고 헤어숍도 해봤다. 그 결과 일과 삶의 균형은 〈무슨 일을 하느냐〉가 아니라 〈어떻게 일하느냐〉가 더 중요하다는 사실을 알았다. 나는 직장생활을 할 때에도 정시에 퇴근한 적이 없다. 서류를 가지고 일하는 직종은 일에 끝이라는 것이 없다. 하루 24시간을 일해도 시간이 모자란다. 이 말인즉슨, 일을 얼마든지 만들어서 할 수 있다는 뜻이다. 달리 보면, 모든 것은 스스로가 결정할 수 있다는 말도 된다. 모든 일은 생각하기 나름이고 마음먹기에 달려 있다.

오전 업무 시작 전, 오늘 하루 해야 할 일과 내일 해도 되는 일 등 일의 우선순위를 정하자. 오늘 할 일을 모두 했다면 내일 할 일은 더 이상 생각하지 말자. 항상 시간이 부족한 이유는 내일 할 일까지 생각하느라 마음의 여유가 없어서다. 당신에게 시간이 모자란 것이 아니라 내일 할 일을 미리 걱정하기 때문이다. 나 또한 해결하지 못한 일들 때문에 머릿속이 복잡해서 잠도 제대로 이루지 못하곤 했다. 이것도 습관이다. 해야 할 일이 너무 많아서 끝이 안 보인다면 순서를 정해 보자. 그리고 하나씩 처리하면서 지워 나가 보자. 일의 끝이 보이고 여유가 생긴다.

하루 24시간이 모자라다면 시간을 나누어 보자. 누구에게나 똑같은 시간이 주어지는데 어떤 사람은 그 시간에 많은 것을 해낸다. 나는 하루를 통으로 생각하는 것보다 쪼개어 사용하는 것이 훨씬 효율적이라는 것을 알았다. 시간을 쪼개어 사용했을 때 더 많은 일을 처리할 수 있었다. 잠자는 시간 6시간을 제외하면 18시간이 남는다. 근무하는 데 9시간을 쓰면 나머지 9시간은 당신이 사용하기 나름이다. 이 시간을 당신이 평소 하고 싶었던 것들을 하는 시간으로 사용해도 좋겠다. 이른바 〈6-9-9 법칙〉인데, 이것은 당신이 설정하기 나름이다. 자신의 리듬에 맞도록 설정하여 사용해 보길 권한다.

휴가를 미루지 말자!

몸과 마음이 힘든가? 그렇다면 잠시 몸과 마음을 쉬게 해줄 필요가 있다. 여행은 헤어숍을 그만두었을 때 가는 것이 아니라, 잠시 휴가를 내고 갈 수도 있는 것이다. 당신이 없으면 큰일이라도 날 것 같은 생각이 드는가? 그것은 대단한 착각이다. 당신이 없어도 헤어숍은 잘 돌아가고 세상에는 아무런 변화도 생기지 않는다. 여행을 가고 싶다면 당장이라도 하루, 이틀 휴가를 내고 다녀오기를 권장한다. 여행은 휴식도 되지만 더 힘을 내서 일할 수 있는 원동력이 되기도 한다. 지금 일에 너무 지쳤다면 잠시 여행을 다녀오는 것을 추천한다.

어느 날 친구가 〈사는 게 재미없어, 매일 다람쥐 쳇바퀴 도

는 것 같아. 가게-집-가게-집을 반복하니 말이야!〉라며 한숨
을 푹푹 내쉬는 게 아닌가! 이는 그녀만의 이야기는 아닐 것이
다. 직장과 집 이외에 다른 것 없이 사는 사람들이 많다. 그러
면서 인생이 재미없다고 한탄한다. 나는 말한다. 「가게 하루쯤
문 닫아도 어떻게 안 되니 어디 바람이나 쐬러 가자.」 그러면
그 친구는 〈안 돼, 그래도 문을 열어야지 가뜩이나 손님도 없
는데〉라면서 번번히 거절한다.

　일이 좀처럼 풀리지 않을 때, 사업을 하다가 실패했을 때 현
명한 사람은 여행을 선택한다. 여행을 통해서 풀리지 않던 일의
실마리를 찾기도 하고, 사업에 실패한 뒤 다시 일어설 수 있는
힘을 얻기도 한다. 헤어숍 운영이 어려워진 원장님들은 하나같
이 이런 말을 한다. 〈얼른 헤어숍 정리하고 여행 한번 다녀오
고 싶어요〉라고 말이다. 왜 헤어숍을 그만두고 여행을 가려고
하는가? 헤어숍을 그만두고 여행을 가려고 하지 말고 그냥 여
행을 다녀와라. 여행을 다녀오면 다시 힘을 내서 헤어숍을 더
잘 운영할 수도 있고 좋은 아이디어가 번뜩 떠오를 수도 있다.

　헤어숍도 주 5일 근무를 하고 싶다고 말하는 원장들도 많다.
〈손님이 떨어질까 봐 두려워서 망설여진다〉, 〈하루 매출을 포기
하기가 어렵다〉 등의 이유로 쉽게 5일 근무를 못 한다. 어느 정
도 규모가 있어서 직원이 많은 경우에는 로테이션으로 5일 근
무를 할 수 있다. 하지만 작은 헤어숍이나 1인 헤어숍의 경우는
5일 근무를 하고 싶어도 못 한다고 호소한다. 이것 또한 생각하
기 나름이다. 매주 5일이 힘들다면 격주 5일 근무를 해보는 것

도 좋다. 매출이 많이 차이날 것 같지만 한 달 평균을 내보면 거의 변화가 없다. 헤어숍이 고정 고객보다 신규가 많은 번화가 상권이라면 몰라도 그렇지 않은 경우는 주 5일 근무도 괜찮다.

헤어숍을 오랫동안 잘하고 싶다면 일과 삶의 균형을 적절히 유지하면서 하자. 1주일에 한번은 당신을 위한 시간을 갖는 것이 정신 건강에 좋다. 휴가도 미루지 말자. 〈이번 일만 잘 끝내고……〉라는 생각은 버려야 한다. 나도 참 지키기 어려운 일이지만 노력하는 부분이다. 일이 마음대로 잘 풀리지 않거나 머리가 복잡해서 더 이상 좋은 아이디어가 떠오르지 않을 때 혼자 여행을 한다. 그러면 오히려 뇌가 활성화되는 느낌이다. 아무 생각도 하지 않고 〈먼 산 보기〉를 할 때도 있다. 나는 이것을 〈생각 서랍 만들기〉라고 한다. 지금까지의 복잡한 생각은 가장 안쪽 서랍에 넣는다. 그리고 맨 위 칸은 비운다. 비워야 또 채울 수 있다. 격무를 하는 당신에게 적절한 휴식은 삶의 활력이 된다는 것을 잊지 말자.

세 가지 실천 팁

첫째, 헤어숍을 오랫동안 잘하고 싶다면 일과 삶의 균형을 맞추는 것이 필요하다.

둘째, 취미가 있다면 절대로 놓지 말고, 없다면 만들자.

셋째, 휴가를 미루지 말자. 휴가 하루 간다고 큰일 나지 않는다.

부록.

미용 초보가 정말 알고 싶은 질문 7

Q1. 미용 대학, 2년제와 4년제 중 어디를 가야 할까요?

미용 분야는 실용 학문으로서 어떻게 진로를 설정하느냐에 따라 2년제나 4년제 대학을 선택해야 한다. 대학이 단순히 직업을 갖기 위한 과정을 이수하는 곳이 아니라는 점을 알았으면 좋겠다. 대학은 교육의 장이자 우리가 평생 직업을 가지고 살아감에 있어서 응용 가능한 지적 성장에 오롯이 집중할 수 있는 곳이다. 사회에 나가서 할 수 없는 경험을 대학에서 경험할 수 있다. 여러분의 인생에서 다시 못 올 시간이 대학 생활이다.

직업이 목적이라면 2년제

학문적으로 미용 분야를 연구하는 것보다 기술을 먼저 습득하고 싶다면 전문학교나 2년제 대학을 선택하는 것이 좋다. 미용 분야는 실용 학문으로서 기술을 빼놓고 절대 논할 수 없다. 전문대학은 기본적인 미용 이론과 역사를 가르친 뒤 2년 동안 실습 위주의 수업을 진행한다. 미용 분야의 직업을 갖기 위해 꼭 대학을 졸업해야 하는 것은 아니지만 대학에 가고자 한다면 후회 없는 선택을 해야 한다.

미용 분야에 종사하기 위해서는 두 가지 방법이 있다. 국가 기술 자격증을 취득하거나 미용 대학을 졸업하고 면허증을 받는 방법이다. 2008년 이전까지는 기능사 수준인 〈미용사〉 국가 기술 자격증을 취득하면 헤어, 피부, 메이크업, 네일 미용 전 분야에서 사용 가능했지만, 지금은 각 분야별로 별도의 자격증을 취득해야 한다.* 대학을 졸업하면 별도의 자격증을 취득할 필요 없이 전체 분야에서 사용 가능한 미용사 면허증을 발급받을 수 있다. 그 과정을 좀 더 자세히 들여다보겠다.

국가 기술 자격증을 취득하려는 경우에는 먼저 자기가 배우고 싶은 분야를 선택한다. 헤어, 피부, 메이크업, 네일 미용 중에서 한 가지를 고르면 된다. 미용 학원이나 전문학교에서 해당 과정을 이수하고 국가 자격 시험의 이론과 실기 모두 합격한 자에 한하여 자격증을 발급한다. 이 자격증으로 미용사 면허증을 각 군·구·시청에서 발급받을 수 있다. 이때의 면허증 또한 네 가지 분야 중 한 분야에 국한한다.

대학을 졸업하고 받는 면허증은 다르다. 2년 동안 모든 과정을 이수하고 졸업하면 미용사 면허증을 받을 수 있는 자격이 주어진다. 이때의 면허증은 종합 면허증이다. 즉, 헤어, 피부,

---

• 2008년을 기준으로 그 이전에 미용사 국가 기술 자격증을 취득한 사람은 헤어, 피부, 메이크업, 전 분야에서 근무나 영업 등을 할 수 있는 자격이 주어졌으나, 2008년에 피부 미용사 국가 기술 자격증이 별도 신설되면서 피부 분야가 분리되고, 2014년 네일 미용이 신설, 2016년 메이크업이 신설되면서 현재는 각 분야별로 미용사(일반), 미용사(피부), 미용사(네일), 미용사(메이크업) 시험을 따로 치러 자격을 취득해야 한다.

메이크업, 네일 미용 모두를 다룰 수 있는 자격을 주는 것이다. 선택할 필요가 없다. 별도의 자격증 시험은 없고 졸업장과 해당 과목을 이수한 증명서만 있으면 된다. 이 또한 각 군·구·시청에서 발급받을 수 있다.

미용 분야에 종사하고 싶은 당신이 고등학생이라면 최소 2년제 대학에 가는 것을 권한다. 단순히 학원에서 배울 수 있는 것 외에 다른 것을 그곳에서 경험할 수 있다. 그러나 대학 생활을 하기보다 직업을 갖고 싶은 연장자라면 학원에서 해당 분야의 자격증을 빨리 취득하는 것을 권한다. 요즘 대학은 산업체 위탁 과정을 운영하기 때문에 직장 생활을 하면서 대학에 다닐 수 있는 시스템이 매우 잘 이뤄져 있다. 대학에 가고 싶다면 이런 과정을 이용하면 된다.

학문적으로 더 깊게 공부하고 싶다면 4년제 대학

미용을 단순히 기술에만 국한하지 않고 학문적으로 보다 깊게 공부하고 싶다면 2년제보다 4년제 대학을 가는 것이 좋다. 2년 동안 공부하는 전문대학보다 더 많은 것을 배우고 경험할 수 있는 기회가 주어진다. 특히 전문대학에서 배우지 못하는 과목을 이수할 수 있다. 예를 들면 인격적·인문학적 소양을 갖출 수 있는 교양과목을 보다 폭넓게 배울 수 있다. 또한 교직 과정 이수를 통해 미용 분야 임용 고시를 볼 수도 있다. 임용 고시에 합격하면 고등학교 교사가 되어 학생을 가르칠 수 있다. 미용 분야도 다른 과목과 마찬가지로 똑같은 과목으로 시험을 보며, 전문 분야로 미용 과목을 선택하면 된다. 면허증의 자격 요건은 2년제 대학과 같다. 졸업을 하고 나면 미용사 면 허증을 발급받을 수 있는 자격이 주어진다. 미용 분야에서는 대학을 졸업하지 않아도 훌륭한 헤어 디자이너가 될 수 있다. 그러니 단순히 직업을 갖기 위해서라면 대학 진학을 선택할 필요는 없다. 하지만 대학에 가기로 했다면 그 안의 모든 것들 을 적극적으로 경험해 보라.

대학에 입학했다면 당신이 선택할 수 있는 전공과목은 빠짐 없이 배워라. 대회가 있다면 적극적으로 참여하고 동아리 활 동에도 참여하기를 권한다. 주위의 친구들이 뭐라고 한들 신 경 쓸 필요 없다. 당신의 인생을 친구가 대신 살아 줄 것이 아 니지 않는가. 교수님의 조언을 귀담아 들어라. 아무리 교수가 꼰대 같아서 싫어도 당신보다 먼저 배우고 경험한 선생이다. 학생을 잘못된 길로 인도하는 선생은 별로 없다. 당신의 인생 에서 다시 못 할 경험을 할 수 있는 시간이 그곳에 있었다는 것 을, 훗날 깨닫는 날이 온다.

미용 분야가 학문적으로 발전하기까지는 아직도 갈 길이 멀 다. 그만큼 이 분야에 대해 사회적 인식 수준이 높지 않다는 뜻 이다. 현재 국내 2년제 대학에는 거의 대부분 미용 분야 전공이 개설되어 있다. 4년제 대학에도 차츰 늘고는 있지만 아직도 많 은 명문 대학에서 미용과 개설의 필요성을 느끼지 못하고 있다. 그렇기 때문에 학생들이 미용 분야 4년제 대학에서 수학할 수 있는 기회는 많지 않다. 학문적 연구를 계속하기 위해서는 2년제 대학 졸업 후 다른 전공으로 편입하거나 학점 은행제를 통한 학사 학위 취득 후 대학원에 진학하는 방식이 대부분이다.

4년제 대학에서 유례없이 석사 과정 신입생을 40명씩 뽑는 이유도 이 때문이리라 생각한다. 다른 전공에서는 생각도 못 할 일이다. 학부 개설이 어려우니 특수 대학원의 석사 과정생을 학부 신입생 뽑듯 해서 수업을 진행한다. 학문적 연구가 이루어져야 하는 석사 과정에서 학부처럼 수업하고 있는 것이다. 상황이 이렇다 보니 석사 학위를 취득해도 연구자로서의 활동은 현실적으로 어렵다. 유일하게 미용 분야에서 나타나는 현상이라고 볼 수 있다. 아직은 학문적으로 과도기적 단계에 있기 때문이 아닌가 생각한다.

당신이 현재 공부 좀 하는 고등학생으로서 미용 분야로의 진학을 고민하고 있다면 4년제 대학 진학을 권한다. 이론과 실기가 공존할 수밖에 없는 분야에서 보다 폭넓게 경험할 수 있는 기회가 그곳에서 열릴 수 있다. 미용이 단순히 헤어숍에서 근무하는 것으로 진로가 결정된다는 생각은 버려라. 당신이 상상하지 못하는 세계가 그곳에 있다. 〈운동선수가 운동만 하면 되지 대학에 왜 진학하고 하지?〉라고 생각하는 사람은 별로 없다. 미용 분야도 운동선수와 같은 개념으로 생각해도 좋을 것이다. 헤어 미용 분야 기능 올림픽에서 금메달을 따면 운동선수처럼 연금이 나온다.

현재는 국내 4년제 명문 대학에서 미용 관련 전공이 개설되어 있는 학교가 많지 않다. 뜻이 있다면 미리 준비해야 한다.

생각보다 경쟁이 치열하고 수능 등급이 높다.

실기를 못하는 미용인은 미용인이 아니다

아무리 학문적으로 뛰어난 식견(識見)을 가지고 있어도 실용 학문인 미용 분야에 몸담고 있다면 실기는 기본이다. 음식을 만드는 셰프가 이론만 빠삭하고 정작 음식을 못한다면 셰프라고 할 수 있겠는가? 입만 살아 있는 반쪽 셰프이다. 실기에 소홀히 하면 안 된다는 말이다. 헤어숍에서 근무하는 기간을 반드시 가져야 한다. 대학을 졸업하든 그렇지 않든 헤어숍 근무 경험을 우습게 생각하지 말자. 실전 경험만큼 값진 경험은 어디에도 없다.

4년제 대학에서 공부하는 학생은 미용 관련 전공 교사나 교수를 꿈꾸는 학생이 많다. 교수는 전문적인 식견을 가지고 학생을 가르치는 선생이며 연구자이다. 미용 현장, 즉 헤어숍에서 경험이 없는 교수는 분명 한계가 있다. 학생을 가르치는 것도 경험에서 나온 것과 그렇지 않은 것은 다르다. 연구할 때도 마찬가지이다. 실무를 알아야 무엇이 불편한 것인지 어떤 것을 개선해야 하는지 알 수 있다. 한 살이라도 어렸을 때 헤어숍 경험을 해보길 권한다. 대학을 졸업한 후가 가장 적절한 시기이다. 자기 전공 분야에서의 실전 경험을 반드시 가져라.

세 가지 실천 팁

첫째, 단순히 직업을 갖기 위해서라면 2년제 전문대학을 권한다.

둘째, 학문적 연구를 비롯해 보다 많은 경험을 하고 싶다면 4년제 대학을 권한다.

셋째, 어떤 분야로 진출하든 졸업 후 실전 경험을 반드시 쌓아라.

Q2. 첫 직장을 선택할 때 무엇을 봐야 할까요?

대학을 졸업하고 사회에 첫발을 내딛는 당신은 무한한 열정과 꿈을 가지고 있을 것이다. 사회생활의 첫 시작은 어디에서 배우느냐보다 누구에게 배우느냐가 더 중요하다. 두 번째로 고려할 사항은 출퇴근에 소요되는 시간이다. 집과 너무 멀지 않은 곳으로 취업하는 것이 좋다. 이 두 가지가 충족되었다면 내공 쌓기에 집중해야 한다.

사수를 잘 만나야 일의 기본이 잡힌다

사회 초년생은 헤어 디자이너가 되기 위한 첫걸음을 어디에서 시작할지 고민이 많다. 가족 중 먼저 미용인의 길을 걷고 있는 사람이 있다면 어느 정도 가이드가 되지만, 그렇지 않은 경우라면 자신이 직접 경험하고 부딪쳐 깨닫는 수밖에 없다. 나 또한 그러했지만, 직접 경험하고 깨닫는 것이 나쁘지만은 않다. 그러나 그만큼 시행착오를 감수해야 한다. 어떤 직종이든 마찬가지겠지만 첫 직장에서 사수(師授)를 잘 만나는 것이 가장 중요하다. 처음 일을 배울 때 사수로부터 그 일에 대한 방법과 습관이 잡히는 경우가 많기 때문이다.

흰 도화지 같은 상태에서, 어떤 사수를 만나 어떻게 일의 습관이 잡히는가에 따라 자신의 미용 수준이 결정될 수 있다. 예를 들어 처음 만난 사수가 일하는 습관이 거칠고 주변 정리가 안 된 사람이라면 그 방법이 그대로 전수된다. 그렇기 때문에 첫 번째 사수가 어떤 사람인지는 매우 중요하다. 그러나 사수를 직접 고를 수도 없고, 그가 어떻게 일하는지는 직접 경험해 보지 않고서는 도저히 알 수 없는 노릇이다. 따라서 첫 취업처는 헤어숍의 규모보다 어떤 시스템이 갖추어져 있는지를 확인하고 고르는 것이 더 중요하다.

사실 헤어숍 근무 여건의 좋고 나쁨을 쉽게 논할 수는 없다. 개인의 선호에 따라 달라지기 때문이다. 시스템이 잘 갖추어져 있는 대형 헤어숍이 무조건 좋은 것도 아니고 1인 살롱이라고 나쁜 것도 아니다. 그 안에서 근무하는 사람의 프로필과 해당 헤어숍의 콘셉트를 살펴보기를 권한다. 원장이나 소속 디자이너의 경력이 주로 저가 숍에서 근무했던 사람이라면 손이 빠를 수는 있으나 거칠게 습관이 들었을 가능성이 크다. 고급스러운 테크닉을 구사하기 어려울 수 있으므로 고가의 미용 수가를 기대하기 어렵다.

처음에는 머리를 많이 만져 보는 것이 중요하다며 저가 숍에서 기술을 익히라고 말하는 사람도 있다. 하지만 처음에 저가 숍에서 익힌 습관을 바꾸기는 너무 어렵다. 미래에 지가 숍을 운영할 계획이 아니라면 권하지 않는다. 첫 데뷔를 어느 곳에서 하느냐에 따라 자신의 평생 미용 수준이 결정되기 때문이다. 교육이 잘 되어 있는 디자이너가 교육도 잘 시킬 수 있다. 자신의 사수가 될 사람의 프로필을 확인하는 것이 중요한 이유이다. 좋은 습관이 잡혔다면 그다음은 기술을 익히는 데 집중해야 한다. 인턴 시절에 배울 수 있는 모든 것을 섭렵하기를 권한다. 사수의 기술은 물론 옆 디자이너의 기술도 틈틈이 배우고 익혀라.

출퇴근은 1시간이 걸리지 않는 곳으로

아무리 좋은 직장이라도 출퇴근에 소요되는 시간이 길면 오래 다니기 어렵다. 집에서 1시간 이내의 거리에 첫 직장을 선택하는 것이 좋다. 독일의 한 연구 결과에 따르면 출퇴근 시간이 오래 걸리는 사람일수록 일과 삶에 대한 만족도가 떨어지고 스트레스 지수가 높다고 한다. 자신의 거주지와 너무 멀지 않은 곳을 선택하여 최소한 2년 동안 수련할 것을 권한다.

인턴 기간에는 근무 시간 이외에 헤어숍에서 머무는 시간이 많다. 영업이 시작되기 전에 준비하기 위한 과정으로 다른 직원보다 일찍 출근해야 하며, 퇴근 후 헤어숍에 남아서 그날 배운 것을 연습하기도 한다. 하루 종일 서서 근무하기 때문에 육체적인 피로도가 다른 직종보다 높다고 할 수 있다. 그런 상황에서 출퇴근에 시달리다 보면 육체적 피로가 가중된다. 처음에야 열정으로 상쇄할 수 있다고 하지만 장기적으로는 근무에 어려움을 겪을 수 있다.

헤어숍은 일반 회사와 달라서 진입 장벽이 낮다. 즉, 입사와 퇴사가 비교적 용이하다. 일반 회사는 한번 입사하기도 어렵지만 퇴사하고 나면 재입사는 거의 불가능하다고 봐야 한다. 하지만 헤어숍은 입사 후 사정이 생겨서 퇴사했다고 하더라도 재입사할 기회가 열려 있다. 그렇기 때문에 젊은 인턴들은 월급 10만 원을 더 준다고 하면 헤어숍을 쉽게 옮기곤 하는데 결과적으로 자신에게 손해이다.

일할 헤어숍을 정했다면 오래 다녀라. 헤어숍을 이곳저곳 옮겨 다니면 기술을 제대로 배울 수 없고, 손도 거칠어진다. 즉, 기술이 널뛴다. 진짜 실력은 언제나 한결같아야 한다. 처음 입사한 헤어숍의 근무 기간을 최소 2년으로 생각하자. 2년 정도 한 곳에서 인턴 기간을 보내면 기본적인 내공은 다질 수 있다. 근무처를 다른 헤어숍으로 옮기려는 이유가 얼마 차이 안 나는 〈돈〉 때문이라면 다시 생각해 보길 바란다. 돈은 디자이너가 되고 나면 능력에 따라 충분히 벌 수 있다. 돈 몇 만 원에 현혹되지 말자.

내공 쌓기에 집중하라

머리카락의 성질은 개인마다 모두 다르다. 똑같은 머리카락의 성질을 가진 사람은 한 명도 없다. 그렇다고 머리할 때마다 시술 결과가 달라지면 그것은 진짜 자기 실력이 아니다. 인턴 기간을 제대로 거치지 않고 짧은 시간에 디자이너가 된 사람은 한결같은 실력을 발휘하기 어렵다. 모발의 상태가 좋은 고객을 만나면 시술 결과가 좋게 나오는 것이고, 그렇지 않은 고객을 만나면 모발을 회복 불능 상태로 만들기도 한다. 당신은 재수가 없었다고 하겠지만 이것은 실전 경험의 부족에서 나오는 결과이다. 인턴 기간을 충분히 갖고 내공을 잘 쌓아야 한다.

인턴 경력이 1~2년쯤 되었을 때 가장 많이 하는 착각들이 있다.

착각1 디자이너가 모든 시술을 동일하게 하는 것 같다.
착각2 거의 인턴인 자신이 처리하는 것 같다. 디자이너는 말만 한다.
착각3 그 정도는 나도 할 수 있을 것 같다.

인턴은 디자이너가 시술할 때 옆에서 보조하면서 배운다. 인턴으로서 어느 정도 경력이 쌓이면 디자이너가 하는 시술을 자기도 할 수 있을 것 같은 생각이 든다. 매번 똑같은 방법으로 하는 것처럼 보이고 거의 대부분의 시술을 자기가 하고 있는 것으로 생각한다. 이때 다른 곳으로 이직하면서 디자이너로 스스로 승급해 취업한다. 기존의 헤어숍에서 디자이너로 승급하기 위해서는 일정 시간이 지나야 함은 물론 승급 시험도 봐야 하는데, 그 과정을 거치지 않고 디자이너가 되려는 친구들이 이런 선택을 한다.

매번 똑같이 시술하는 것 같아 보여도 디자이너가 아무렇게

나 판단하고 결정하는 것이 아니다. 펌제나 염모제의 도포량, 방치 시간, 중간 처리, 열처리 온도 등은 모발의 성질에 따라 모두 다르다는 것을 감안하고 판단하는 것이다. 이것은 이론적으로 배우는 것도 중요하지만 실전 경험에서 얻은 결과로 판단하는 것이 크다. 펌제나 염모제는 화학 약품으로 만들기 때문에 충분히 경험을 쌓지 않으면 정확한 판단이 어렵다.

따라서 인턴 과정 때 충분한 수련을 거치지 않은 디자이너는 고객 시술 시 실패할 확률이 훨씬 크다. 고객 상담이 어려워지는 것은 물론 일관성 있는 시술 결과를 얻어 낼 수 없다. 모든 헤어는 케이스 바이 케이스다. 똑같은 머리가 하나도 없다는 뜻이다.

또한 인턴 과정 때는 주위의 디자이너나 원장으로부터 조언을 구할 수도 있고 틀린 시술을 했을 때 도움을 받을 수 있지만 디자이너가 되면 아무도 체크하거나 터치하지 않는다. 선배에게 마음 놓고 배울 수 있는 기간이 인턴 기간이다. 인턴 기간 2~3년 동안 충분한 수련을 거친 후 디자이너로 승급한 사람은 이때부터 가속도가 붙는다. 반면 빨리 디자이너가 되고 싶은 마음에 충분한 수련 과정을 거치지 않은 사람은 발전이 없다. 실력이 쌓이기 전에 정체기를 맞을 수 있다. 그렇다고 디자이너로 근무하다 다시 인턴으로 취업하기는 더 어렵다.

미용인의 길로 접어든 초반에 너무 조바심 갖지 말고 내공을 충실하게 쌓길 바란다. 평생 당신의 미용 수준이 인턴 기간에 결정된다고 해도 과언이 아니다.

세 가지 실천 팁

첫째, 사회생활의 첫걸음에 좋은 사수를 만나야 일에 대한
좋은 태도와 습관이 잡힌다.

둘째, 직장은 출퇴근이 1시간을 넘기지 않는 곳으로 잡아라.
너무 멀면 육체 피로가 큰 헤어숍 근무가 버거울 수 있다.

셋째, 디자이너가 빨리 되는 것보다 기본을 잘 익히고 내공
을 충실히 쌓는 것이 더 중요하다.

Q3. 청담동 유명 헤어숍은 무엇이 다른가요?

대학에서 미용 관련 전공자 중 50퍼센트 이상의 학생들이 대한민국 강남, 그중에서도 청담동에 위치한 헤어숍에 입사하기를 원한다. 이러한 현상은 지방으로 내려갈수록 더 심하다. 실제로는 청담동에 있는 헤어숍에 입사하는 것보다 거기서 살아남기가 더 어렵다. 최소한 세 가지는 알고 가자. 첫째, 인턴 기간이 다른 지역의 헤어숍보다 두세 배 더 길다. 둘째, 어떤 어려움도 참고 견딜 수 있는 끈기가 필요하다. 셋째, 비싼 주거비에 발목을 잡히지 않도록 경제적 문제도 미리 고민해야 한다.

인턴 기간만 평균 5년

보통 나는 학생들에게 인턴 기간을 충분히 경험할 것을 권한다. 인턴 기간을 충분히 거치지 않으면 그만큼 기본이 튼튼하지 않고 디자이너가 되었을 때 어려움을 겪는다. 일반적인 헤어숍의 경우 약 2~3년 정도 인턴 과정을 거치면 디자이너로 승급할 수 있다. 그러나 청담동에서는 이 〈일반적〉이라는 말이 통하지 않는다. 한 치의 오차도 용납할 수 없는 청담동에서는 최소 5년 정도의 인턴 기간을 둔다. 물론 헤어숍에 따라 다르긴 하지만 8년째 인턴으로 근무하고 있는 직원도 많다.

인턴 중에서도 경력에 따라 시술할 수 있는 영역이 다르다. 경력이 오래된 인턴은 디자이너 못지않은 실력을 가지고 있다. 오히려 지방의 어설픈 디자이너보다 훨씬 실력이 뛰어난 인턴이 많다. 청담에서 잔뼈가 굵은 인턴은 헤어스타일링에 있어 누구보다 뛰어나다. 그도 그럴 것이 대부분의 고객층이 연예인, 예식 참석자, 기업체 사모님 등으로 이루어져 있으므로 화학 시술보다는 블로우 드라이blow-dry나 업스타일up-style과 같은 시술이 많기 때문이다.

인턴 기간이 긴 데는 이유가 있다. 청담동의 미용 수가가 워낙 높게 책정되어 있기 때문에 고객은 완벽한 시술 결과를 요구한다. 즉 고객이 실습용이 되어서는 절대 안 된다. 충분한 경험이 축적되어야 비로소 고객을 맞을 수 있다. 일반적인 헤어숍에서는 인턴 기간 동안 디자이너가 시술하는 것을 도우면서 배우기 때문에 고객의 모발을 만져 볼 기회가 많다. 청담동에서는 5년 이상 된 인턴도 고객의 머리를 함부로 커트할 수 없다. 또한 인턴 선배들이 워낙 많기 때문에 신입이 고객 머리부터 만진다는 것은 어불성설이다.

인턴 사이에도 등급이 있다. 맨 하위부터 맨 상위 단계까지는 경력이 5년 이상 나기도 한다. 새로 입사한 신입 인턴의 교육은 바로 위의 선배 인턴이 맡는다. 사수가 디자이너가 되는 것이 아니라 인턴 선배가 된다. 헤어숍의 잡무부터 디자이너의 보조로 고객의 모발을 만지기까지 각 단계를 통과해야 한다. 많은 교육과 연습 그리고 각 단계별 승급 시험을 치러야 하며 그 기준은 매우 엄격하다.

근무 시간도 일반 헤어숍과 다르다. 연예인 고객이나 예식 고객 등이 많기 때문에 이들의 예약이 잡혀 있는 날은 새벽 4~5시에 출근해야 하는 경우도 많다. 보통 헤어와 메이크업이 한 팀으로 움직이므로 누구 하나 예외는 없다. 청담동에서 미용인으로 살아간다는 것은 아이돌과도 같다. 묵묵히 연습생 생활을 하면서 〈이제는 사람들 앞으로 나가 보자!〉라고 하는 날까지 수련에 수련을 거듭한다. 언제 무대에 설 수 있을지는 아무도 모른다. 데뷔가 스스로 얼마나 노력하느냐에 달려 있다면 열심히만 하면 되지만, 그것도 아니다.

인내와 끈기는 필수

미용업을 직업으로 선택했다면 인내와 끈기는 필수이다. 더욱이 청담동에서 미용 인생을 살고 싶다면 수련 기간에 어떤 어려움에 직면해도 이 악물고 이겨 낼 결심 정도는 해야 한다. 버티는 자가 무대에 설 수 있다.

지방에서 대학을 졸업한 스물한 살 J학생은 청담동의 C헤어숍에 근무하기를 원했다. 지인의 소개로 C헤어숍은 아니지만 청담동에 위치한 다른 헤어숍에 입사했다. 물론 기숙사가 있는 곳이긴 하지만 J학생의 엄마는 걱정스럽게 아이를 보냈다. J학생도 처음 부모와 떨어져 낯선 도시에서 시작하는 사회생활이 쉽지만은 않을 것이라고 예상했지만 스스로 원한 만큼 잘해내리라고 생각했다. 그런데 몇 개월이 지나서 그만두고 싶다는 얘기를 했다. 인턴 생활이 쉽지 않고 텃새도 심해서 너무 힘들다는 것이었다. 부모는 이런 과정에서 아이에게 〈너는 잘할 수 있어〉라고 격려해 주어야 한다. 그런데 J학생의 엄마는 〈그렇게 힘들면 내려와〉라고 하면서 아이를 그만두게 했다. 자신들이 생각한 것과 너무 다르다며 오히려 해당 헤어숍을 험담하기도 했다.

J학생이 가장 힘들어했던 부분은 다음과 같다.

첫째, 잦은 새벽 출근. 앞에서도 언급했지만 청담에 위치한 헤어숍들은 예식 고객, 연예인 고객이 많은 비중을 차지한다. 자신이 속한 팀이 예식이나 연예인을 담당하는 디자이너의 팀이라면 새벽 출근은 당연히 감당해야 한다. 새벽에 출근한다고 해서 일찍 퇴근하는 것은 아니다.

둘째, 인턴 선배의 은근한 따돌림이나 골탕 먹이기. 요즘은 이런 문화가 없어졌다고는 하지만 예전 자신들이 겪었던 것을 지금도 신입 인턴들에게 교육이라는 명목으로 함부로 하거나 왕따를 만드는 행위를 하기도 한다.

셋째, 인격적 모독. 고객이 보는 앞에서 인격적으로 함부로 하는 행위는 가장 참기 힘들었다고 한다. 어떤 인턴은 같은 팀

선배 디자이너가 이유 없이 계속 꼬집어서 허벅지가 시퍼렇게 멍이 들었다고 했다.

마지막으로, 잡무. 배우고 싶었던 일반적인 시술, 즉 커트, 퍼머넌트 웨이브, 염색 등의 시술은 가르쳐 주지 않고 몇 달간 허드렛일만 시키면서 마치 하녀 부리 듯하는 것을 참기 힘들었다고 했다.

청담동에 위치한 헤어숍에서 근무하기를 원해서 입사한 학생들 중 대부분이 6개월을 넘기지 못하고 그만둔다. 뚜렷한 목표 없이 청담동으로 진출한 학생들은 대부분 그 문화를 견디기 힘들어 한다. 청담동에서 성공하기를 원한다면 목표가 뚜렷해야 한다. 그리고 그 안에서 성장해야 성공할 수 있다.

우리나라의 미용 기술 수준이 지금처럼 높지 않았을 때 미용 기술을 배우기 위해 일본으로 유학을 갔던 S가 있다. 지금이야 우리나라의 미용 기술이 세계적 기준에서도 뒤지는 수준은 아니지만 그 시대만 해도 미용 기술의 선진국인 일본으로 유학을 가는 사람들이 꽤 있었다. S는 20대를 일본에서 공부하고 일하는 데 보내고 디자이너가 되어 귀국했다. 국내 헤어숍에서 근무했던 경험이 없었기에 청담에 위치한 헤어숍에 인턴으로 입사했다. 신입으로 입사한 헤어숍의 인턴 선배가 스물한 살, S는 스물여덟 살이었다.

S는 스물한 살의 인턴 선배에게 교육과 업무 지시를 받아야 했다. 이미 일본에서는 디자이너의 경력도 있고 일본 미용학

교에서 선생님으로 학생을 가르치기도 했지만, 그 경력을 내세우지는 않았다. 스물한 살의 인턴 선배를 깍듯이 선배로 대접했고 일을 스스로 찾아서 하면서 그 시절을 견뎠다. 그렇게 그는 인턴의 모든 과정을 이수하고 승급 시험에 통과하여 당당히 디자이너로서 무대에 섰다. 지금은 청담에서 유명한 헤어숍의 부원장으로 근무하고 있다.

다른 지역에서 디자이너로 성장한 후에 옮겨올 생각이라면 자신을 많이 내려놓아야 한다. 또한 청담에 있는 헤어숍에 취업하고 싶다면 인내와 끈기는 필수로 챙겨야 한다. 생각보다 청담동 헤어숍 업무가 재미없고 힘들다. 아이돌을 꿈꾸다가 무대에도 못 서보고 사라지는 연습생처럼 중간에 그만두는 사람이 대부분이다.

주거비가 발목을 잡지 않도록 경제적으로 준비해야 한다

대한민국의 수도 서울, 서울 중에서도 강남은 주거비가 높기로 유명하다. 그중에서도 청담동은 당신이 생각하는 것보다 훨씬 비싼 주거비를 요구할지도 모른다. 미용 인생의 목표가 그곳에 있고 끈기를 갖고 인내할 준비가 되었다면 경제적으로도 준비해야 한다. 아무 경제적 준비 없이 간다면 당신 월급의 대부분을 월세로 지출해야 할 수도 있다. 돈 때문에 우는 일은 없도록 하자.

강남의 경우, 전세보다는 월세 개념의 주거 형태가 대부분이다. 월세 수준도 당신의 월급을 거의 쏟아부어야 감당할 수 있다. 입사하는 헤어숍이 기숙사를 제공하는 곳이라면 그래도 주거비 걱정은 안 해도 되지만 모든 것을 공동으로 사용해야 하는 단점이 있다. 최근에는 셰어하우스 형태의 주거 문화가 증가하고 있지만 아직 소수에 불과하다.

헤어숍에서 인턴으로 근무하는 기간에는 급여가 생각보다 적다. 특히 헤어숍이 유명한 곳일수록 더 그렇다. 지금은 최저 임금 제도 아래 많은 부분 개선되었지만 아직도 그 수준을 따라가지 못한다. 그도 그럴 것이 헤어 디자이너는 전문직이다. 기술이 없는 사람이 할 수 있는 일이 많지 않다. 처음 인턴으로 입사한 직원을 디자이너 뒤에 가만히 세워 두고 많은 월급을 주기가 쉽지 않다는 것이다. 최소한 샴푸라도 할 수 있는 수준 이라면 그나마 낫다. 처음 입사한 신입 인턴이 샴푸를 제대로 하는 데만 3개월 이상이 걸린다.

예전엔 〈열정 페이〉라는 이름으로 일반 직장인의 월급에 한참 못 미치는 금액을 지급했다. 몇 년 전 한 시사 프로그램에서 〈열정 페이〉에 대한 내용을 방영한 적이 있었다. 미용뿐만이 아니라 많은 전문직에서 이러한 현상이 나타난다. 패션 디자이너가 되기 위해 유명 디자이너 밑에서 보조하면서 배우는 사람, 연예인의 메이크업 아티스트나 스타일리스트가 되기 위해 보조하면서 배우는 사람, 셰프가 되기 위해 주방 보조로 근무하는 사람 등 이들 모두가 〈열정 페이〉를 받거나 아예 급여가 없는 경우도 있었다.

우리나라 최고의 미용 그룹이라고 자부하는 J헤어숍에서도 몇 년 전만 해도 인턴 급여를 채 70만 원도 되지 않는 금액을 지급했다고 한다. 이는 강남권으로 갈수록 더 심했고 60만 원 이하로 주는 곳도 많았다. 현재는 많은 부분 개선이 되었다고 하지만 인턴들이 200만 원 이상의 급여를 받는 곳은 거의 없을 것이다. 그러나 이것은 디자이너가 되면 한순간에 상쇄할 수 있는 반전이 있다. 능력 있는 디자이너의 평균 연봉은 웬만한 회사의 임원보다 많다.* 전문직의 매력이라고 할 수 있다.

그렇다면 디자이너가 될 때까지 버텨야 가능한 것이 아닌가. 나의 지인은 강남의 유명한 헤어숍에서 10년을 근무하고 디자이너가 되었는데 디자이너로 활동할 때에도 월 1500만 원 정도의 급여를 받았다. 디자이너로 6~7년간 근무하고 자신의 헤어숍을 오픈했다. 헤어숍을 오픈한지 약 2년 만에 강남에서 작은 건물 한 채를 매입할 수 있는 돈을 벌게 되었다. 일반 직장생활을 했다면 불가능한 일이었을 것이다. 버티는 자가 끝까지 남는다고 했던가. 아이돌이 연습생 시절에 어떤 생활을 했을지 상상이나 할 수 있는가! 청담동 미용인의 삶은 아이돌과 같다. 버텨야 성공한다. 경제적으로 미리 준비해야 버티는 것도 할 수 있다.

앞서 말한 네 가지를 모두 극복하고자 한다면 20대 초반에 경험하기를 권장한다. 인턴 기간이 긴 만큼 디자이너로 데뷔

---

* 헤어 디자이너의 임금 체계는 프리랜서 개념으로, 기본급 없이 자신의 매출에 따른 비율로 받는 형태이다. 예를 들어 자신의 매출이 월 1000만 원이고, 45퍼센트의 비율로 정산한다면 약 450만 원의 월급을 받는다. 월 평균 매출을 2000만~3000만 원을 올리는 능력 있는 디자이너도 많다.

할 수 있는 시간이 오래 걸린다. 자신을 믿고 끈기 있게 인내할 수 있어야 한다. BTS가 세계적인 스타가 될 수 있었던 것은 인내와 끈기가 있었기 때문이다. 열심히 하는 것은 당연한 말이고 잘해야 성공할 수 있다는 것을 기억하자.

세 가지 실천 팁

첫째, 청담동의 헤어숍은 평균 인턴 기간이 5년 정도로 타 지역 보다 두 배 이상 걸린다는 것을 알아야 한다.

둘째, 어떤 어려움도 참고 견딜 수 있는 인내와 끈기가 있어야 버틸 수 있다.

셋째, 비싼 주거비 문제가 발목을 잡지 않도록 경제적인 준비가 필요하다.

Q4. 경력 1~2년 초보, 진로를 어떻게 만들어야 할까요?

경력이 2년 미만인 초보 미용인들이 많이 하는 실수가 있다. 미용인으로서 내실을 다지기도 전에 겉으로 모양내기에 집중하는 것이다. 당신은 지금 디자이너가 아니다. 헤어 디자이너로서 성공적으로 데뷔하고 싶다면 내실을 충분히 다지는 것이 현명하다. 어떤 헤어 디자이너로 성공하고 싶은지 마음의 소리에 충분히 귀 기울여 보자. 가고 싶은 방향이 잡히면 경력을 어디서 어떻게 쌓아야 하는지 자연스럽게 알게 된다.

기본이 충실한 사람은 기초공사가 잘된 집과 같다

경력 1~2년 정도 된 초보 미용인들이 재취업을 준비하며 고심하는 문제가 있다. 다시 인턴으로 취업하는 것이 좋을지, 디자이너로 취업하는 것이 좋을지 포지셔닝에 대한 결정이다. 인턴으로 취업하자니 내키지 않고 디자이너로 취업하자니 실력이 부족한 것 같은 생각이 든다. 결론부터 말하자면 인턴으로 취업하는 것이 좋다. 그 경력이면 디자이너로 취업하기에는 아직 기술이 미치지 못한다. 그것은 본인이 가장 잘 안다. 당장은 좀 더 배우고 실력을 다지는 것이 결과적으로 당신에게 플러스 요인이 된다.

집을 지을 때를 생각해 보자. 땅을 파고 집의 뼈대라고 할 수 있는 기본 골조를 튼튼하게 세우는 일에 공을 들여야 한다. 집의 모양내기는 그다음이다. 뼈대를 공들여 세우지도 않고 모양내기에만 집중한다면 태풍과 같은 변수를 만났을 때 집이 한순간에 무너질 수도 있다. 집을 지을 때는 전체 건축비와 건축 기간 중에서 땅을 파고 1층까지 올리는 데 가장 많은 돈과 시간을 쓴다고 한다. 1층이 제대로 완성되면 그다음부터는 수월하게 2층, 3층을 지어 올릴 수 있다.

영국의 전래동화 「아기 돼지 삼형제」는 모두가 잘 아는 내용이다. 첫째 돼지와 둘째 돼지는 각각 밀짚과 가시덤불로 집을 지었기 때문에 금방 집의 모양을 갖추었다. 반면 셋째 돼지는 벽돌로 집을 지었기 때문에 형들이 집을 다 짓는 동안에도 완성하지 못했다. 형들은 막내 돼지를 한심하게 여겼지만, 막내 돼지는 튼튼한 집을 완성하겠다는 마음으로 꿋꿋하게 벽돌을 하나하나 쌓아 올렸다. 어느 날 배고픈 늑대가 나타나 첫째 돼지와 둘째 돼지의 집을 〈훅~〉 불어 날려 버리고 두 형제 돼지를 잡아먹었다. 그러나 막내 돼지의 집은 벽돌로 지었기 때문에 늑대가 아무리 불어도 날아가지 않았다.

기본이 충실한 사람은 기초공사가 잘된 집과 같다. 아무리 빨리 배운다 해도 1~2년 정도로는 디자이너가 될 수 없다. 내실을 다지면서 기본을 충실히 익혀서 디자이너가 되어도 결코 늦지 않다. 그래 봐야 3년이다. 일반 직장인도 경력직으로 이직할 때 3년이라는 경력이 있어야 인정해 준다. 최소 3년은 경험해야 그 일에 어느 정도 개념이 잡혔다고 보는 것이다. 그렇게 미용 인생을 시작하고 5년이 지난 시점에 인턴 과정을 충분히 거친 사람과 그렇지 않은 사람은 분명 차이가 난다.

자기 마음의 소리에 집중하라!

먼저 자신이 가장 하고 싶은 일이 어떤 것인지 신중히 생각할 필요가 있다. 스타 미용사가 되고 싶은지, 연예계나 영화쪽에서 작품 활동을 하고 싶은지, 미용 관련 대학 등에서 교육자가 되고 싶은지 말이다. 즉, 주요 활동 무대를 어디에 둘 것인지 먼저 생각해 볼 필요가 있다. 미래의 모습을 어떻게 그리는가에 따라 진로 선택이 달라질 수 있기 때문이다. 미용 분야에서도 갈 수 있는 길이 많다.

미용사로서 살아가는 방법은 여러 가지가 있다. 먼저 차홍과 같은 스타 미용사의 길이 있다. 스타 미용사는 혼자 열심히 한다고 될 수 있는 것이 아니다. 청담의 유명 헤어숍에서 근무하다가 스타성이 있어 발탁되는 경우에 가능하다. 스타 미용사는 연예인과 같아서 전략적으로 조직에서 케어를 받는다. 청담동에서 미용 인생을 사는 것은 아이돌과도 같다. 이것은 미용인으로서의 생활뿐 아니라 스타 미용사의 탄생에도 적용되는 개념이다.

또한 드라마나 영화 등 작품 활동에 참여하는 사람들이 있다. 이 분야는 관련 업체나 협회를 통해 갈 수 있으며, 대학에 진학할 경우 일반 미용이 아닌 영화 미용예술 분야를 전공으로 선택하는 것이 좋다. 물론 전공을 영화 미용예술 분야로 선택했어도 일반 헤어 디자이너가 될 수 있다. 어느 대학을 선택할 것인지, 자신에게 맞는 곳은 어디인지 알 수 있는 방법은 몇 가지가 있다. 먼저 전공명을 보면 어느 정도 짐작이 간다. 두 번째 해당 전공 교수의 주요 전공과 연구 분야를 살펴보아야 한다.

다음으로, 교육자의 길이다. 이 방면으로 가려는 학생들도 생각보다 많다. 교육자는 다시 두 가지의 길이 있다. 학교 선생님과, 기능 교육을 하는 기술 강사이다. 학교 선생님의 길은 미용 고등학교 교사와 최고의 고등 교육 기관인 대학 교수의 길이 있다. 고등학교 선생님이 되려면 임용고시를 치러야 하기 때문에 무조건 교직과정을 이수할 수 있는 4년제 대학을 선택해야 한다. 기술도 열심히 익혀야 하지만 기본적으로 공부를 잘해야 한다. 가만히 앉아서 공부하는 것이 힘든 사람은 이 길이 맞지 않다.

대학 교수가 되기 위한 길은 자신을 끊임없이 채찍질하고 다듬고 수련하면서 가는 길이다. 하고 싶다고 아무나 할 수 있는 것도 아니며 똑똑하다고 할 수 있는 것도 아니다. 끝없는 공부와 연구, 수련과 함께 자신을 낮추며 스스로를 다스리고 또 다스려야 비로소 기회가 온다. 기회가 온다한들 누구나 잡을 수 있는 것도 아니다. 사람들은 교수가 되는 것을 〈낙타가 바늘구멍 통과하기〉라고 말한다. 나 또한 그 말에 동의한다.

학령 인구가 줄어들고 있는 지금 상황에서 대학 교수가 되기 위해 준비하는 것은 〈밑 빠진 독에 물 붓기〉가 될 수도 있다. 예전처럼 대학 교수라는 직업이 보장된 길도 아니고 경제적으로 풍요롭지도 안정적이지도 않다. 돈을 벌지 않아도 된다면 모를까 절대 돈을 벌 수 있는 직업은 아니다. 인재 양성에 특별한 사명감이 있는 것이 아니라면 권하지 않는다.

사실 인재 양성은 학교에만 이루어지는 것이 아니다. 대학에서 헤어 미용 전공을 개설하기 이전부터 협회에서 기술 강사를 키워 왔다. 기술 강사는 협회 소속으로 전국의 회원들에게 미용기술을 가르치는 사람이다. 기술 강사의 길을 가고자 한다면 대한미용사회 활동을 계속하는 것이 좋다. 기술 강사로 활동하는 대부분의 사람들은 〈미용장〉이라는 자격증을 취득하여 직업훈련교사 2급의 자격을 획득한 사람이다. 미용장 시험을 볼 수 있는 자격은 미용사 자격증 취득 후 8년 이상의 경력이 있어야 한다. 이 모두 국가기술자격으로 한국산업인력공단을 통해 취득할 수 있다.

여러분은 잘 모르는 선수의 길이 있다

미용 분야에서도 선수로 활동할 수 있는 길이 있다. 일반적이지 않아 많은 미용인들이 잘 모르는 분야이다. 운동선수들이 4년마다 열리는 국제 올림픽에 참가하는 것은 모두가 알 것이다. 미용 분야도 이와 같이 2년마다 개최하는 국제 기능올림픽에 참가할 수 있다. 물론 세계선수권대회도 있다. 우리나라는 미용 분야에서 좋은 성적을 내고 있다. 미용 분야는 헤어 디자인과 피부 미용 두 가지 분야로 나뉘고 각 분야별로 종목이 구별된다. 금메달, 은메달, 동메달, 우수상으로 입상할 수 있으며 메달리스트가 되면 상금과 함께 매년 장려금이 나온다. 운동선수들이 올림픽에서 메달리스트가 되면 연금을 받듯이 미용 분야에서도 같은 개념이라고 생각하면 된다.

기능대회 선수로 활동을 하고 싶다면 지도를 받아야 한다. 이 또한 소요되는 비용이 만만치 않으므로 경제적 능력 또한 무시할 수 없는 부분이다. 지방기능경기대회, 전국기능경기대회에서 입상하고 국가대표로 발탁되면 국제기능올림픽에 출전할 수 있는 자격이 주어진다. 메달리스트가 된다는 것은 쉬운 일이 아니다. 이 또한 자신을 많이 내려놓고 다스리면서 연습에 연습을 거듭해야 한다. 트레이너에게 지도를 받고 연습해야 가능한 일이다.

기능대회에서 입상하여 메달리스트가 되면 미용 관련 대학이나 협회 등에서 강의할 수 있는 길이 열린다. 물론 학력이 뒷받침되어야 하기 때문에 뜻이 있다면 메달리스트에게는 국가에서 4년제 대학 기준으로 등록금을 지원해 준다. 무언가 특별한 삶을 이 분야에서 이루어 보고 싶다면 도전해 보라고 권하고 싶다. 나이가 어릴수록 좋지만 많다고 못할 일은 아니다. 주니어로 출전할 수 없다면 시니어로 출전하면 된다. 도전하는 자가 아름답다. 이 글을 읽고 있다면 이미 여러분은 도전을 꿈꾸고 있는 것이 아닌가. 〈할 수 있다〉라는 자신감을 갖고 도전하는 자가 꿈을 이룬다.

세 가지 실천 팁

첫째, 기본을 충실히 다진 사람은 잘 지어진 집과 같다. 겉모양 내는 데 집중하지 말고 기본에 충실하라.

둘째, 자신의 마음의 소리를 잘 들어보자. 미래에 어떤 모습으로 미용 분야에 종사하고 있는지 그림을 그려 보는 것도 좋다.

셋째, 미래의 자신의 모습을 위해 자신감을 가지고 도전하자! 당신은 할 수 있다.

Q5. 해외 유학, 어떻게 준비하나요?

미용 기술을 배우기 위해 해외 유학을 고려하고 있다면 가기 전에 알아야 할 것들이 있다. 기본적으로 해당 국가의 언어를 익히자. 유창한 실력은 아니더라도 간단한 의사소통 정도는 할 수 있어야 하지 않겠는가. 미용 경력이 전혀 없다면 국내에서 최소 1~2년 이상은 경력을 쌓고 가라고 말하고 싶다. 아는 만큼 보인다. 마지막으로 기간과 예산을 잘 세워야 한다. 어느 정도 유학을 할 것인지 미리 파악하고 비용을 산정해 보는 것이 좋다.

기본적인 의사소통은 가능해야

헤어 디자이너가 되고 싶은데 국내에서 공부할지, 해외 유학을 가야 할지 고민하는 사람들이 많다. 해외 유학을 가고 싶다면 해당 국가의 언어로 기본적인 회화는 할 줄 아는 것이 좋다. 유창하지는 않더라도 간단한 의사소통 정도는 할 수 있어야 하지 않겠는가. 우리는 기본적으로 영어로 간단한 의사소통 정도는 할 줄 안다. 오랜 기간 영어를 배워 왔기 때문이다. 아무리 영어가 싫었더라도 노출 기간은 무시하지 못한다. 그 정도만 해도 상관없다.

영국의 비달사순 아카데미의 경우 수업을 듣기 위해서는 기본적으로 랭귀지 코스Language course를 이수해야 한다. 유학 기간이나 개인 실력에 따라 다르지만 보통 6개월 정도의 과정을 거친다. 랭귀지 코스를 이수하면 수업을 이해할 정도의 어학 실력을 갖출 수 있다. 장기 유학이 아니라 단기 연수를 받기 위한 과정이라면 랭귀지 코스를 수강할 필요는 없다. 수업 시간에 통역해 줄 통역사가 있으니 활용하면 된다. 물론 무료가 아니라는 점과, 한 달 이상의 연수라면 비용이 많이 들 수도 있다는 점을 기억하자.

혼자 통역 비용을 처리하는 것은 부담이 될 수 있으나 여러 명이 같이 통역을 이용하는 경우는 큰 비용 부담이 없다. 같이 공부할 사람을 구해서 통역 비용을 n분의 1로 한다면 훨씬 부담이 적다. 영어로 의사소통이 어렵고 단기 연수를 다녀오고 싶은 사람들에게는 이 방법을 권하고 싶다. 하지만 보통 유학을 생각하고 있는 사람이라면 기본적인 의사소통 정도는 할 수 있어야 한다. 외출할 때도 통역사와 같이 갈 수는 없으니 말이다. 통역을 이용하지 않을 예정이라면 미용 용어라도 완벽하게 공부하고 가는 것이 좋다. 미용 용어가 곧 영어이기 때문에 영어를 잘하지 못한다고 하더라도 수업 내용을 이해하는 데 많은 도움이 된다.

최소 1년 국내에서 헤어숍 경험을 쌓아라

헤어 디자이너라는 직업이 생각보다 아름답고 멋진 것만은 아니다. 겉보기에는 아름답고 화려하고 멋진 직업처럼 보일 수 있으나 그 이면에서는 엄청난 노력과 인내가 필요하다. 헤어 디자이너라는 직업이 자신과 잘 맞는지, 앞으로 계속해서 할 수 있는 직업인지 검증하는 시간이 필요하다. 무턱대고 유학을 결심했다가 중도에 포기하면 그 또한 낭패가 아닌가. 유학을 가는 데는 학비, 주거비, 항공비 등 엄청난 비용이 든다. 자신에게 맞지 않는 직업이라는 것을 유학 가서 알게 되면 곤란하지 않겠는가?

헤어 디자인 분야에서 세계적으로 트렌드를 주도하고 있는 곳이 영국의 비달사순과 프랑스의 로레알이다. 특히 국내 헤어 디자이너들이 많이 가고 싶어 하는 영국의 비달사순 아카데미 본교는 헤어 유학의 중심지로 자리 잡고 있다. 이곳은 이제 막 디자이너에 입문하는 초보자 과정부터 10년 이상의 경력자가 배울 수 있는 전문가 과정까지 다양한 코스가 있다. 1주일의 단기 과정부터 35주의 장기 과정까지 신청할 수 있다. 자신의 여건과 상황에 맞게 다양하게 고를 수 있다는 장점이 있다. 경력이 없거나 3년 이하의 경력이라면 24주나 35주의 디플로마 코스를 이수할 수 있다. 미용 안전 이론부터 보건학, 두상 구조와 골격 구조 등 미용의 기본부터 응용까지 두루 익힐 수 있는 과정이다. 물론 경력자가 수강할 수 있는 장기 코스 과정도 있다. 그 외에도 경력자들이 자신의 실력에 맞게 선택하여 수강할 수 있는 단기 과정들이 개설되어 있다. 단기 과정은 경력 3년 이하자의 기초 과정부터 경력 10년 이상자의 고급 과정까지 수강할 수 있는 과정까지 다양하게 구성되어 있다. 그러나 나는 경력이 3년 이하라면 단기 과정을 이수하는 것은 권하지 않는다. 소요되는 비용에 비해 습득할 수 있는 것에 한계가 있다. 단순히 경험하는 것에 그칠 확률이 높다.

6개월 이하 등록은 경우에 따라 비자 없이 출국이 가능하나, 6개월 이상 등록의 경우 학생비자를 발급받은 후 출국이 가능하다. 비달사순 아카데미는 영국뿐 아니라 미국, 캐나다, 중국에도 분교가 설치되어 있다.

외국의 미용학교로 유학을 가고 싶다면 국내에서 미용사 국가기술 자격증을 먼저 취득하길 권한다. 그리고 최소 1년은 헤어숍에서 근무해 보면서 적성에 잘 맞는지 확인하는 시간도 필요하다. 유학원 상담에서는 미용에 관한 경력이 전혀 없어도 상관없다고 설명하지만 내 생각은 다르다. 입학 조건만 보면 경험이 전무하거나 자격증이 없어도 무방하다. 학위 과정은 기초부터 가르치기 때문에 경력이 요구되지 않는다. 그러나 이것은 단순히 입학 자격에 대한 것이고, 졸업 후 귀국해서 국내 헤어숍에서 근무할 때는 상황이 다를 수 있다.

미용 분야에서 실전 경험이 없다면 자신이 헤어 디자이너라는 직업이 잘 맞는지 알 수 없다. 우리나라에는 미용사 국가기술 자격증을 취득하고도 미용 분야에서 종사하지 않는 사람들이 꽤 많다. 국가에서 지원해 주는 프로그램으로 자격증은 취득했으나 적성에 맞지 않아 버티지 못하고 그만두는 경우이다. 유학을 다녀오고 싶다면 헤어 디자이너라는 직업이 적성에 잘 맞는지 3년 정도 경력을 쌓으면서 준비하길 권한다.

〈아는 만큼 보인다〉고 했다. 아무것도 모르는 상태에서 유학을 가게 되면 어학 과정도 오래 걸리고 미용 용어를 알아듣기도 어렵다. 알고 가는 것과 모르고 가는 것은 천지 차이이다. 경력이 3년 이상 되면 미용 용어와 커트 시 각도 등이 눈에 보여 영어를 잘 몰라도 이해가 빠르다. 미용 용어가 영어에서 비롯한 것이기 때문에 헤어 디자이너라면 모두 알고 있다. 미용 용어나 각도를 볼 줄 모르면 영어가 능통해야 한다. 그만큼 비용도 많이 든다. 준비 없이 떠난 유학길은 돈만 버리고 얻는 것이 없다. 반드시 경험하면서 준비하고 가자.

기간과 예산을 잘 세워야

국내에서 헤어 디자이너로서 활동하다가 유학을 결심했다면 기간과 그에 따른 소요 비용을 산정해 볼 필요가 있다. 학비 이외에 주거비, 항공비, 생활비 등이 생각보다 많이 들 수 있다. 영국은 주거비와 교통비가 비싼 편이다. 비달사순 아카데미는 런던 1존에 위치하고 있어 주거비가 많이 든다. 어디에 머물지 생각하고 예산을 책정해서 미리 준비하고 갈 것을 권한다.

런던 1존은 우리나라 강남과 같은 느낌이라고 보면 된다. 단기간 연수라면 호텔에 머무르는 것도 좋지만 장기 코스라면 자취를 고려하는 것이 더 좋다. 런던에서 홈스테이 비용은 싱

글룸의 자취 기준보다 약 30퍼센트 정도 더 비싸다. 한국인이 운영하는 자취 시설도 있어서 인터넷 검색을 잘하는 젊은 친구들이 많이 이용하는 편이다. 아카데미 근처에 숙소를 마련한다면 걸어 다닐 수 있어서 교통비를 절약할 수 있는 장점이 있다.

런던 외곽으로 주거지를 선정한다면 주거비는 절약할 수 있으나 교통비가 더 들 수 있다. 영국은 교통비도 비싼 편이라서 주거비로 절약한 비용이 교통비로 빠져나갈 수도 있다. 등하교에 많은 시간을 소요하는 것보다 아카데미 가까운 곳으로 주거지를 선택하는 것이 좋다. 대중교통에 시달려 몸이 피곤하면 수업에 집중하기 어려울 수도 있다. 수업은 실기 수업이 있기 때문에 종일 서 있어야 할 때가 더 많다. 체력을 비축하는 것도 중요하다. 또한 종일 영어로 수업하기 때문에 한국에서의 수업보다 더 집중을 요한다. 두 배로 피곤하다는 얘기이다.

그런 만큼 기본적인 영어 회화와 미용 용어는 미리 공부해 두기를 권한다. 미용 용어가 곧 영어에서 비롯한 것이기 때문에 용어만 정확히 알아도 수업의 50퍼센트는 알아듣는다.

세 가지 실천 팁

첫째, 해당 국가의 언어로 간단한 의사소통 정도는 하고 가자. 미용 용어를 미리 공부하고 가는 것도 큰 도움이 된다.

둘째, 헤어 디자이너의 길이 적성에 맞는지 국내에서 검증하는 시간을 1년은 갖자. 검증되었다면 최소 3년을 경력을 쌓고 가자.

셋째, 유학 기간에 따라 예산 계획을 미리 세우고 계획적인 유학 생활을 할 수 있도록 준비하자.

Q6. 마흔이 넘었습니다. 미용을 배워도 될까요?

나이 마흔이 넘었는데 미용을 배우는 것이 걱정되는가? 배우고 싶다면 걱정하지 말고 배우길 권한다. 나이는 숫자에 불과하다. 당신이 마음먹기에 달렸다. 10년 뒤 당신의 모습을 생각해 보자. 아무것도 안 하고 10년이 흐르면 그냥 쉰 살의 주부요, 꾸준히 미용을 배우고 익힌다면 CEO가 될 수 있는 나이다. 나이 어린 상사가 불편해서 배우기가 어려운가? 그 상사도 당신이 어렵다. 매장 내 모든 직원에게 전략적으로 존칭을 사용해 보자. 서로 간에 불편함이 없어질 거라고 장담한다.

성실한 늦깎이는 반드시 성공한다

어느 날 사회에 나와 보니 친구는 이미 성공하여 쳐다보기 어려운 자리에 도달해 있는가? 친구의 성공에 절대 기죽을 필요가 없다. 성공은 보여지는 것이 아니라 지속적으로 이루어 나가는 것이다. 먼저 성공한 것이 중요한 것이 아니라 어떻게 지속적으로 성공할 것인가가 더 중요하다. 지금 내가 늦은 나이에 시작했다고 자책하지 말자. 꾸준함으로 단계를 밟고 올라가면 그 끝에 성공이 기다리고 있더라. 기억하길 바란다. 천천히 가더라도 꾸준히 가야 한다는 것을.

나는 결혼을 너무 일찍 하는 바람에 20대를 거의 아이 키우고 살림하는 데 보냈다. 결혼하면서 시부모님과 같이 살았기 때문에 내 마음대로 할 수 있는 것은 아무것도 없었다. 시할머니, 시부모님, 시누이 둘, 시동생 그리고 우리 부부가 한집에 살았다. 첫 아이가 태어나면서 우리 가족은 아홉 명이 되었다. 또 젖소를 키우는 목장을 했기 때문에 목부(목장에서 일해 주는 사람)도 두 명이 있었다. 물론 같이 살지는 않았지만 삼시 세끼를 우리 집에서 같이 먹어야 했다.

이렇게 살다가는 내 인생이 끝나 버릴 것 같았다. 그래서 분가를 결심하고 강행했다. 돈 한 푼 없이 시작한 20대의 삶은 비참했고 비루하기까지 했다. 주변에서는 나를 안타깝게 생각하기도 했고 자기 발등을 자기가 찍었다며 바보 같다고도 했다. 어떨 때는 돈이 없어서 아이 분유를 못 살 지경에 이르기도 했다. 이러한 결핍이 나를 성장시킨 원동력이었던 것 같다. 나는 다짐했다. 〈내가 비록 지금은 가진 것 없지만 20대이니까 괜찮아! 40세가 넘어서 웃는 자는 내가 될 거야.〉

어느 정도 아이를 키워 놓고 사회에 나가려고 하니 할 줄 아는 것이 아무것도 없었다. 그렇다고 대학을 졸업한 것도 아니고 기술이 있는 것도 아니었다. 남편이 집에만 있는 나를 인쓰

럽게 생각하여 미용 학원에 잠깐 보내 준 것이 전부였다. 그 경험을 살려 헤어숍에 취업을 하고 싶었으나 퇴근이 너무 늦어 아이들을 돌보기 어려울 것 같았다. 그래서 일반 회사에 취업하기로 결정했다. 대신 주말에 헤어숍에서 파트타임으로 근무하면서 기술을 익혀 나갔다.

몇 년이 지나고 보니 회사에서도 경력이 쌓이고 미용 기술도 제법 늘었다. 이렇게 안정적인 생활을 하고 있을 무렵 회사는 다른 회사로 인수합병되어 이전하게 되었다. 이전한 곳으로 출퇴근을 하는 것이 초등학생 엄마인 나로서는 많이 힘들었다. 그래서 회사에 희망퇴직을 신청하고 못 다한 공부를 하기로 결심했다. 나는 그렇게 서른한 살에 대학을 다시 들어간 것이다. 미래에 헤어숍 경영을 잘하고 싶어서 경영학과를 선택했다.

살림이 빠듯했기 때문에 나는 등록금을 아끼려고 공부를 열심히 했다. 입학부터 졸업까지 수석을 놓친 적이 한 번도 없었다. 등록금을 아끼려고 공부를 했던 것이 전화위복이 되어 교수님들로부터 인정을 받았다. 대학을 졸업하고 조교를 하면서 석사와 박사 과정을 거쳐 지금은 서울 숙명여대에서 석사 과정생을 가르치는 교수가 되었다. 내가 처음부터 교수가 되고자 공부를 시작했던 것은 아니었다. 다만 쉬지 않고 꾸준히 공부한 덕에 지금 이 자리에 있게 된 것이다. 물론 헤어숍도 운영하고 있다.

잘하려고 하지 않았다. 그냥 현재의 내 상태에서 최선을 다하고자 했다. 공부이건, 헤어숍 근무이건, 학교생활이건 모두. 그

것이 무엇이든 내가 해야만 하는 것이라면 말이다. 〈피할 수 없다면 즐겨라!〉 나의 생활신조이다. 내가 만약 아무것도 하지 않고 지금의 나이를 먹었다면 이룰 수 있는 것은 그 무엇도 없었을 것이다. 늦었지만 쉼 없이 공부했고, 기술도 익혔고, 아이도 키웠다. 오히려 바쁜 엄마를 보고 자란 아이들은 사춘기도 없이 스스로 대학도 가고, 자기 삶을 주도적으로 살아가고 있다.

인생은 길다. 멀리 보고 차근차근 준비하면 어느 날 늘 올려다보던 그곳에 내가 도달해 있을 것이다. 당장 내일이 바뀌지 않는다고 슬퍼하지도 좌절하지도 말자. 오늘 내일만 살고 말 것이 아니지 않은가? 어린 직장 상사가 꼴불견이어도 그냥 참아 줘라! 언젠가는 당신이 그 아이의 고용주가 될 수도 있다. 혹시 당신이 높은 위치에 가거든 나이 많은 아랫사람을 무시하지 말라! 언제 어느 위치에서 다시 만날지 모른다.

나이 어린 상사가 반말을 하거든 더 깍듯하게 존대하라

전통적인 직장 선후배 관계에서는 보통 선배의 나이가 많고 후배가 적기 마련이다. 그러나 지금처럼 다양한 조직의 형태를 도입하는 회사에서는 나이 어린 상사가 존재하기 마련이다. 미용업에서는 더더욱 그러하다. 어렸을 때부터 미용을 시작해 고등학교를 졸업하고 바로 헤어숍에 취업하여 일을 하는 친구들이 많다. 나이 서른이 되면 벌써 경력이 10년이나 되는 중견 직장인이다. 일반 회사라면 과장은 충분히 달고도 남을 기간이다. 요즘은 미용 경력 2~3년만 되어도 디자이너라고 한다. 따라서 20대 초반이어도 디자이너라면 매장에서는 선생님이라고 불러야 한다. 어린 친구들에게 〈선생님〉이라고 부르는 게 자존심이 상할 수도 있겠다. 하지만 〈선생님〉이란 호칭이 어떤 의미를 내포하고 있는지 안다면 별로 대수롭게 생각할 필요는 없다.

〈선생〉을 한자로 풀어보면 先(먼저 선), 生(날 생)이다. 국어사전에는 〈학생을 가르치는 사람〉으로 정의하고 있으나, 한자풀이의 의미로는 〈먼저 배워 나온 사람〉인 것이다. 그러니 아무리 나이가 어려도 먼저 배워 나왔으니 선생님이라고 부르는 것을 당연하게 여기면 된다. 호칭은 그냥 호칭일 뿐이다. 호칭만 잘 사용해도 인격적으로 존중을 받을 수 있다. 사람은 모두 상대적이라는 것을 기억하자. 당신이 깍듯하면 나이 어린 상사도 당신에게 함부로 하지 않을 것이다.

당신이 만약 경력이 단절된 여성이었다고 해보자. 새로운 직업을 갖는 그 순간부터 다시 시작하는 마음으로 임하면 된다. 첫 직장의 경험을 생각해 보라. 나이는 숫자일 뿐 헤어숍 근무가 첫 경험이라면 당신은 신입이다. 예전에 아무리 잘나가던 유능한 직장인이었어도 그건 예전 일이다. 〈내가 왕년에~〉를 생각하는 순간 선배에게 배울 수 있는 좋은 기술은 물 건너간다. 쓸데없는 자존심은 성공에 아무 도움이 되지 않는다.

매장 안의 모든 사람에게 존칭을

인격적으로 존중받고 싶은가! 그것은 순전히 당신에게 달려 있다. 상사에게 존댓말을 사용하는 것은 당연한 일이다. 나이 어린 신입 직원에게도 존댓말을 사용해 보자. 당신의 가치가 더욱 빛을 발할 것이다. 나는 헤어숍을 경영하면서 매장 내에서 직원들에게 반말을 하지 않는다. 우리 매장의 전 직원은 모두 존댓말을 해야 한다. 아무리 나이 어린 신입 직원이라도 반말로 업무 지시를 해서는 안 된다. 대표인 나도 물론 존댓말을 사용한다. 직원들이 고객을 부르는 호칭 또한 마찬가지로 〈○○고객님〉이라는 호칭을 사용해야 한다. 그 매장의 분위기는 매장에서 근무하는 직원들이 만들어 가는 것이다. 서로 반말로 대화하고 고객을 〈언니〉로 부르는 순간 〈선생님〉의 대접을 받을 것을 기대하지 말라. 당신도 〈언니〉인 것이다.

몇 년 전 국내 프랜차이즈 R 매장을 운영할 때의 일이다. 나의 친동생이 매니저로 근무하게 되었다. 물론 가족이라고 해도 매장에서의 호칭은 다른 직원들과 동일하다. 심지어는 회식을 할 때도 서로 원장님과 매니저님으로 부른다. 직원들은 2년 동안이나 우리가 친자매라는 사실을 몰랐다고 한다. 근무 중 호칭이 서로 깍듯했으며 내가 매장에 계속 상주하지 않았기 때문이라고 짐작한다. 디자이너와 인턴이 서로를 존중하면서 일하는 분위기는 고객들에게도 좋은 영향을 미친다.

정말 깐깐한 고객이 있었다. 신경이 예민하고 무엇이든 따지기를 좋아해서 처음에는 디자이너들이 기피하는 경향도 보였다. 지금은 우리 매장의 VIP 고객으로 좋은 관계를 유지하고 있다. 처음에는 표정도 없고 항상 피곤한 얼굴이었는데 지금은 편안한 모습을 볼 수 있다. 이 매장에 오면 자신이 대접받는 것 같아서 마음이 편안해진다고 했다.

「원장님은 직원들에게 반말을 안 하시네요. 듣기 좋아요.」

「어떤 헤어숍에 가면 원장님이 말을 막 해서 너무 듣기 민망하더라고요.」

「그래서 그런가~ 여기 계신 분들은 모두 표정이 좋네요.」

고객들의 공통된 우리 매장에 대한 칭찬이다. 사소한 말 한마디로 인간관계는 크게 달라진다. 상대가 누구건 고객들 앞에서는 존댓말을 사용하여 하대하지 말아야 한다. 아무리 나이 어린 사람이라도 자존심이 있기 때문이다. 서로 존중하는 마음으로 상대를 대하면 누구나 마음이 열리게 되어 있다.

세 가지 실천 팁

첫째, 마흔, 당신의 나이가 늦었다고 생각하는가? 10년 후 당신은 CEO가 될 수도 있다.

둘째, 어린 상사가 반말을 하거든 더 깍듯하게 존대하라. 그러면 상사도 바뀔 것이다.

셋째, 아랫사람에게도 존댓말을 사용하라. 당신은 인격적으로 존중받을 것이다.

Q7. 늦깎이 미용인, 잘 적응할 수 있을까요?

학력, 경력, 연령 제한 없는 전문직이 미용사이다. 마음만 먹으면 누구나 쉽게 도전할 수 있는 분야라 중년 이후에 미용사에 도전하는 사람들도 많다. 늦은 나이에 미용사에 도전하여 좋은 환경에서 근무하고 싶다면 다음을 명심하라. 첫째, 자신의 나이를 잊어라. 둘째, 건강 관리는 필수이다. 셋째, 상사를 트레이너라고 생각하고 믿고 따르라. 최소한 이 세 가지만 명심하면 나이 어린 친구들 못지않게 좋은 환경에서 근무할 수 있다.

자신의 나이를 잊어라

〈마인트 컨트롤mind control〉은 사전에 따르면 〈스스로 자신의 생각과 행동, 감정 등을 절제하고 조절하는 일〉이라고 한다. 나는 항상 마인드 컨트롤을 잘하는 사람이 사회생활에서 성공한다고 생각한다. 대체로 마인트 컨트롤이 잘 안 되기 때문에 관계에서 어려워지곤 한다. 일단 자신의 나이를 잊는 〈마인드 컨트롤〉을 하길 바란다. 생각은 곧 마음을 지배한다고 했다. 모든 일은 생각하는 대로 이루어진다. 〈내 나이는 20대이다〉라는 상상을 해도 좋다.

어느 조직이든 부하직원이 자기보다 나이 많은 사람을 채용하는 것을 꺼린다. 부하직원이라면 편하게 일을 시킬 수 있어야 하는데 나이가 자기보다 많으면 불편하기 때문이다. 또한 나이가 많다는 것은 그만큼 사회경험이 많아 생각을 바꾸기 쉽지 않겠다는 생각도 있다. 상사 입장에서는 일을 시킬 때 사사건건 반문하고 자기 의견을 내세우면 피곤해질 거라는 생각도 든다. 나이 많은 직원은 어린 직원보다 컨트롤이 어렵다는 것이 보편적인 생각이다.

나의 지인인 K언니의 사례를 들어 보겠다. 결혼하고 전업주부로 살다가 취업을 하기로 마음먹었다. 아이들도 모두 성장하여 엄마의 손이 더 이상 필요 없는 나이가 되었다. 그녀는 나보다도 몇 살이 많지만 전혀 그렇게 보이지 않을 만큼 자기 관리가 잘 된 여자이다. 마인드도 좋다. 문제는 서류상 나이인 것이다. 서류 접수가 이메일이나 방문 접수라고 되어 있다면 무조건 방문 접수를 선택했다고 한다.

결론은 그녀는 중소업체 경리부에 신입으로 취업하는 데 성공했다. 학부 때 세무회계를 전공했으나 경력이 단절되어 오랜 기간 실무에서 멀어져 살았기 때문에 경력직으로 취업할 수는 없었다고 한다. 지금 회사도 상사보다 나이가 많아서 처음엔 좀 꺼려하는 것 같았는데, 자신이 맡은 업무뿐만 아니라 일을 찾아서 하자 지금은 인정받고 다닐 수 있게 되었다. 몇 년이 지난 지금은 완전히 자리를 잡았고 오히려 업무를 파악하고 나니 일을 더 잘 할 수 있게 되었다. K언니에게 일을 가르쳐준 나이 어린 상사와 아주 잘 지내는 것은 당연하다.

이처럼 자신의 생각을 바꿀 수 있을 때 나이 많은 당신이 어린 상사와 무난하게 근무할 수 있다. 사회경험이 많다 보면 자신도 모르는 사이에 훈계하듯이 이야기할 때도 있다. 어쩔 수 없는 연륜에서 나오는 말투이다. 자신의 20대를 생각해 보자. 누구나 철없는 20대 시절이 있었다. 〈나 때는 안 그랬는데〉라는 생각이 든다면 당신은 이미 꼰대 〈라떼족〉이다. 그 생각을 바꿀 수 없다면 절대 20대 상사와 근무할 수 없다.

역동적인 헤어숍 근무에서 건강관리는 필수!

마인드 컨트롤을 잘할 수 있게 되었거든 신체 나이도 20대로 만들어야 한다. 물론 불혹이 넘은 나이에 신체 나이를 20대로 만드는 것이 쉬울 리 없다. 그만큼 건강관리에 힘쓰라는 말이다. 자신의 몸이 또래 친구들과 같이 나이 들어 가는 것을 당연히 여기지 말아야 한다. 나이가 들수록 우리는 먹는 데 집착이 강해진다. 〈물만 마셔도 살이 찐다〉라는 말은 말이 안 되는 핑계이다. 물을 많이 마시면 오히려 피부도 좋아지고 살도 빠진다. 식탐을 줄이고 고단백 저열량으로 식사를 할 수 있도록 하자. 몸을 만드는 것뿐만 아니라 건강을 위해서도 그것이 좋다.

질 좋은 단백질을 섭취하고 칼로리가 낮은 식품을 선택하여 식사하는 습관을 들이는 것이 중요하다. 입에서 맛있는 음식은 절대로 몸에 이로운 것이 없다. 마블링이 잘되어 있는 A++ 소고기보다 돼지고기 앞다리살을 선택하자. 먹는 습관을 어떻게 들이느냐에 따라 몸이 달라진다. 어느 외과 의사가 한 말이 생각난다. 〈소고기는 누가 사준다고 해도 먹지 말고, 돼지고기는 누가 사준다고 하면 먹고, 닭고기는 때때로 먹고, 오리고기는 없어도 찾아 먹어야 한다〉라고 했다. 이 말은 소고기와 돼지고기의 지방은 포화지방이라 우리 몸에 축적이 되고 오리고기의 지방은 불포화 지방이라 축적되지 않기 때문에 나온 말이다.

그렇다고 몸매를 가꾸기 위해 굶는 다이어트까지 하라는 의미는 아니다. 체력 소모가 많은 헤어숍 근무가 힘들어질 수 있기 때문이다. 먹을 만큼 먹고 운동으로 근육량을 유지하는 것이 가장 좋은 방법이다. 근육량이 많아지면 기초대사량이 느는 동시에 몸에 힘도 느껴진다. 근육 운동을 많이 했을 때 자신도 모르게 몸에 힘이 들어가 있는 상태를 느껴 보길 바란다. 남모를 희열이 있다.

우리 몸을 지탱하는 대퇴근, 대둔근과 같은 근육은 큰 면적을 차지하고 있다. 이런 근육을 단련시키는 동작은 전신의 근육을 잡아 준다. 시간이 없다는 핑계를 댈 수 없는 운동으로 〈스쿼트〉와 〈런지〉라는 동작이 있다. 집에서 간단히 할 수 있는 것으로 마음만 단단히 먹으면 된다. 습관을 들이는 것이 중요하다. 습관만 들여 놓으면 일상이 된다. 밥 먹고 간식 먹는 것이 일상이 된 것처럼 밥 먹고 스쿼트 하는 것을 일상으로 만들어 보면 어떨까. 특별히 시간을 내지 않아도 당신의 몸이 단련되어 가는 것을 느낄 수 있다.

상사를 트레이너라고 생각하고 믿고 따라야 한다

헤어숍 업무에도 단계가 있고 체계가 있다. 첫 출근한 당신은 무엇을 해야 할까? 경력직이더라도 근무 환경이 바뀌면 일단 분위기 파악부터 해야 한다. 당신의 사수가 정해졌다면 그 사수를 트레이너라고 생각해 보자. 기초부터 하나하나 지도해 줄 수 있는 사람이 바로 그 사람이다. 목표가 정해졌다면, 일단 트레이너가 지시하는 것부터 모두 해내야 한다. 그래야 당신이 세운 목표에 도달할 수 있다.

예를 들어, 머슬 대회에 출전하기 위해서 트레이너에게 지도를 받는다고 생각해 보자. 당신이 아무리 운동을 오래 해왔더라도 전문가인 트레이너가 계획적으로 근육을 단련시키는 것과는 차이가 있다. 트레이너들도 대회를 앞두고 있을 때는 서로 운동하는 것을 도와주면서 자세를 잡아 준다. 혼자 운동하는 것과 전문가가 옆에서 지도하는 것은 차원이 다르다. 혼자 할 때는 목표치를 대충 어느 정도 잡고 하는 경우가 많다. 잘하고 있는지 그렇지 않은지 알 수 없다. 의지가 강한 사람은 계속하겠지만 그렇지 않은 사람은 포기하기 쉽다.

트레이너는 그날 운동의 목표를 정해 준다. 그리고 달성할 때까지 옆에서 지도한다. 〈오늘은 하체와 복근 위주로 운동을 하겠습니다〉라고 하며 집중 훈련을 시킨다. 동작을 정확히 하고 있는지 체크하면서 구호도 외쳐 주고 할 수 있다는 힘을 실어 준다. 그래서 트레이너인 것이다. 나 역시 치열하게 운동시키는 트레이너가 미울 때도 있었다. 〈내가 선수도 아니고 대회에 나갈 것도 아닌데 이렇게까지 해야 하나?〉라는 생각도 들곤 했다. 하지만 트레이너는 나를 미워하거나 악감정이 있어서가 아니라 단지 내가 목표로 정한 것을 달성해 주기 위해 자기 일을 하는 것이다.

상사를 트레이너라고 생각하고 일을 배워 보자. 오늘 배워야 할 일의 목표를 설정해 주고 당신이 하고 있는 동작이 잘못되지는 않았는지 체크해 줄 수 있는 사람이다. 당신의 목표를 이룰 수 있는 경험이 거기에 있다면 그 훈련을 마쳐야 한다. 훈련을 잘 마치기 위해서는 트레이너의 말을 따라야 하며 시키는 것을 안 하면 안 된다. 상사가 당신에게 많은 일을 시키는 것과 많은 연습을 시키는 것은 당신이 미워서가 아니라는 점을 기억하자. 단지 당신의 목표를 이뤄 주기 위한 과정이다. 상사를 의심하지 말고 믿고 따라 보자! 모든 지적과 지시가 경험에서 우러나온 것이며 나중에 생각해 보면 분명 고마울 날이 있을 것이다.

세 가지 실천 팁

첫째, 자신의 나이를 잊고 20대와 같은 생각을 해보자.

둘째, 역동적인 헤어숍에서 건강관리는 필수! 신체 나이도 20대로 만들어 보자.

셋째, 상사가 자신을 힘들게 하는 것 같은가? 상사를 트레이너라고 생각해 보자. 당신이 미워서가 아니라 목표를 이루게 해주기 위함이다.

지은이 **박정아** 건국대학교 생물공학과에서 향장생물학 전공으로 박사 학위를 받았으며, 현재 숙명여자대학교 문화예술대학원 객원교수로 재직 중이다.

작은 헤어숍을 운영하며 경영의 어려움을 체감했다. 미용인으로서 전문성을 갖추기 위해 경영학을 전공하고, 영국 런던 비달사순 스쿨(Vidal Sassoon School)에서 살롱 크리에이티브 코스와 아카데미 코스를 수료했다. 그간의 경험을 살려 헤어숍 규모를 키웠고, 많은 디자이너와 인턴을 경험하면서 사람을 배워 나갔다. 2012년 한국보건산업진흥원에서 뷰티숍 컨설턴트로서 활동하며 경영에 대한 소규모 헤어숍 원장님들의 갈증을 해소해 주기 위해 노력했다. 2015년 화장품 회사의 미용사업부에 입사해 올바른 펌제 사용법을 교육하면서 실제 현장에서 미용인들이 가장 궁금해하는 것이 무엇인지 알게 되었다. 지금은 주로 미용 인재 양성, 미용인 상담, 헤어숍 컨설팅 등의 일을 하며 경영 노하우를 전수해 주고 있다.

헤어숍 성공의 법칙

발행일   2021년 3월 10일 초판 1쇄

지은이   박정아
발행인   홍예빈 · 홍유진
발행처   주식회사 열린책들

경기도 파주시 문발로 253 파주출판도시
전화 031-955-4000   팩스 031-955-4004
www.openbooks.co.kr